JN410571

치병소요록 治病逍遙錄

문저온 서사시집

시인동네 시인선 116

문저온 서사시집

치병소요록 治病逍遙錄

시인동네

프롤로그

가슴을 쪼개 보이며 그가 말했다.

내 마음엔 부자(附子)가 들었으니 차게 식혀 드세요.

| 차례 |

서혜(鼠蹊) 울기(鬱氣) 삽(揷)

아마 나는, 어쩌면 너는

서혜(鼠蹊)

: 살. 두 다리의 사이.
몸에 다다르는 지름길.

여기가 아파요.

그는 거기를 보이고 싶어 한다.

그는 보이고 싶은 곳이 있는 사람이다. 그는 거기를 보는 나를 보고 싶어 하는 사람이다. 그는 거기를 보이는 저를 보고 싶어 하는 사람이다.

서혜(鼠蹊). 저 이상한 이름이 붙은 곳을 그는 애처로워한다.

쥐 한 마리가 달음박질할 것 같은 곳. 쥐의 작은 발이 재게 디뎌 간지럼 탈 것 같은 곳. 샅고랑을 달려 쥐는 어디로 가나. 쥐는 갈 수 있나. 쥐는 어디서 왔나.

그는 그의 쥐를 애처로워한다.

어깨를 꺼내 보이고 싶은 적 있었다. 네게.

고개 돌려 내려다보면 동그란 곳. 무릎도 팔꿈치도 몸의 관절은 죄다 잔주름투성이인데, 어깨는 펼친 채로 태어나고 접힐 일이란 없다는 듯 둥글고 팽팽하다.

그 벼랑에 내려앉아 본다. 입술을 대본다. 어떤 안도감. 둥근 알을 볼 때의 온전함. 둥근 알을 만질 때의 평온함. 그 비알에는 거칠고 모난 게 없어서 나는 비바람 먼지가 오래 찌든

—

것 같은 내 손이 내 발이 내 영혼이 수줍다. 이 둥근 낭떠러지. 나의 측면. 내 국경의 전망대.

정면으로 부닥치지 않고 등 뒤에서 찔리지 않을 것 같은 곳. 비껴 온전한 둥글고 윤나는 거기에 입술을 붙이고 싶었던 적 있었다. 어깨의 말. 어깨의 노래. 노래는 귀를 감아 타오를 것이다. 너의 측면. 네 국경의 전망대. 네 둥근 낭떠러지. 거기에 입술을 붙이고 싶었던 적 있었다.

너는 너의 보이고 싶은 곳을 지니고, 나는 그때 알아보았을까? 한 사람이 실없이 어여삐 여기는 생의 잡동사니. 애착해도 애착하지 않아도 그 자리에 있고 빛바래는 것.

그는 초조해하다가 떠났다.

나는 그의 눈빛밖에 봐줄 게 없었다.

너는 초조해하다가, 떠났다, 어쩌면. 내가 이미 모르는 날에.

고샅에 입술을 붙이고.

다리를 감춘 고래처럼.

벗을 수 없는 검은 상복을 입고.

울기(鬱氣)

: 기(氣)가 몰려 쌓인 것.
울기를 풀려, 눈물을 흘려, 울기.

45,라고 할 때 그녀의 목소리가 흔들린다. 서서히 충혈되는 안구의 실핏줄과, 실핏줄을 덮어가는 눈물의 막이 보였으므로 나는 시선을 내리깐다. 1초, 2초, 3초. 괴어오른 눈물이 천천히 하수구와 눈꼬리로 빠져나가길 기다린다.

8킬로가 빠졌어요, 한 번에. 45가… 안 됐어요.

눈동자가 먼 데, 먼 시간을 보고 있다.

그게 그녀의 마지노선인 것이다. 감정의 무릎이 꺾이는 순간. 누구에게나 그런 숫자가 있는 것이다. 그 숫자의 잘못은 아닌 것이다. 그녀가 지금 보고 있는 것도 45라는 체중계 숫자는 아닌 것이다. 그럴 때 숫자는 압축된 비닐팩처럼, 칼로 그으면 어떻게 변할지 모르는 진공팩처럼 제 몸을 잔뜩 움츠리고 있는 것이다.

그쯤 되면 밭은 숨이 쉬어지지요. 열에 한 번은 창자까지 숨을 끌어당겼다 뱉어야 되지요. 그나마도 시원치 않지만, 그나마라도 해야 하니까. 명치에 돌덩이가 걸려 있지요. 올라가지도 내려가지도 않지요. 허파는 한없이 납작해지지요. 그쯤 되면 걷는 게 걷는 게 아니지요. 몸이 지푸라기로 변해서 딛어도

—

땅이 디뎌지지가 않지요. 지상 3센티를 부유하는 느낌이지요. 밥도 싫지요. 물도 게우지요. 뼛속이 근육이 파삭 말라서 정전기가 일어날 것 같지요. 누가 걸지 않는데도 걸려 넘어지지요. 누가 밀지 않는데도 휘청, 넘어갔다 오지요. 거기가 마치 딴 세상 같지요. 보이지 않는 경계를 넘어갔다 온 것 같지요. 숟가락도 젓가락도 신발도 무겁지요. 말이 목구멍을 기어 올라오는 데 한참이 걸리지요. 눈이 감기지가 않지요. 성냥 귀신 같은 게 앙상한 손가락을 눈꺼풀 사이에 끼워둔 것 같지요. 머릿속만 공회전하는 엔진처럼 분주하지요. 정신이란 게 미친 년 널뛰듯 지난날의 갈피갈피를 연, 월, 일, 시, 분, 초까지 장면, 장면 따지지요. 오라로 날 묶어 두지 않으면 찰기 없는 가루처럼 흩어질 것 같지요. 말뚝에 박아 놓지 않으면 불시에 상공으로 저세상으로 가 있을 것 같지요.

자아, 우세요.

죽이고 싶은 인간, 저도 있어요.

삽(揷)

: 꽂다.
삽은 꽂았을까, 꽂혔을까……

옷을 벗는다. 장례식은 끝났다. 태울 수도 묻을 수도 없다, 이 옷들. 태울 필요도 묻을 필요도 없다. 필요라는 말은 낯설게 나를 때린다. 어떤 필요로 나는 너를 보내고 옷을 벗다 멈추고 이런 생각을 하며 서 있나? 묻는 일은 무섭다. 답을 하게 될까 봐.

태울 수도 묻을 수도 있다, 이 옷들. 갑자기 선택과 행동반경이 넓어진다. 가스레인지? 베란다? 욕조? 아궁이가 없다 이 도시는. 넉넉한 흙도. 수고로움과 번거로움이 살에 들러붙는다. 어딘가로 가야하며, 무언가가 필요하며, 시간을 소요할 것이다. 그리고 그 현장을 나는 감각해야만 한다.

훨훨 타는 불꽃, 불내와 연기, 오그라지며 눌어붙는 직물의 사체, 사체의 탄내, 움켜쥐는 삽의 손잡이, 손잡이의 둔탁함, 삽을 흙에 꽂을 때 삭, 삽이 흙을 베는 소리, 흙냄새, 뒤집힌 흙의 짙은 젖은 색. 구덩이. 구덩이를 덮는 아무 일 없음.

감각은 엉겨붙어 덩어리지고 뿌리를 내리고 내 뇌 속에 다이어리 한 칸처럼 생존해 갈 것이다.

나는 삽날에 찍힌 감자처럼 얼굴에 손을 가져다 댄다. 삽을

—

어디서 구한담. 길쭉한 몽둥이에 매달린 혓바닥 같은 삽날. 지체 없고 날렵한 삽날의 삽입. 떠내는 일로 위장된 칼날의 잠입.

아마 나는 삽처럼 네게 꽂혔을지도. 아마 나는 삽처럼 벼린 날을 내 옆구리에 꽂아 넣었을지도. 움푹, 벌건 생의 귀퉁이를 떠냈을지도. 서식과 이식. 아마 나는 삽처럼 꼿꼿하게 서 있을지도. 혓바닥이 혀끝이 내가 세계와 접하는 최첨단일지도. 첨단으로만 나는 너를 만났을지도. 첨단을 다해 나는 너를 버렸을지도. 삽날에 묻은 흙을 털어내듯이 탕, 탕, 빈 바닥을 두드리며 나는 지금 서 있을지도.

옷을 벗는다. 서 있는 검은 옷 한 벌 속으로 나는 걸어 들어갔다 나왔다. 옷은 내가 쏟아지지 않게 어깨와 허리를 잡아 주었다. 나를 구부려 절하고 밥 먹고 곡을 해주었다. 옷은 나를 쏟고 누웠다. 마네킹처럼 서서 나는 잠시 색깔을 잃는다.

베란다에 화분을 놓고 옷을 묻어 키우면, 조리개로 물을 주면, 돋지 않는 무덤의 싹. 향 타는 냄새.

슬와(膝窩) 경련(痙攣) 구급(救急)

비밀과 거짓말

슬와(膝窩)

: 무릎 뒤쪽의 오목한 부분.
우리는 접힌다. 접는다.

비밀이 있다면, 나는 여기에다 숨길 것이다.

다리를 내놓고 그가 엎드려 누울 때, 나는 혼잣말처럼 생각한다.

푸른 핏줄이 비쳐 지나고, 터럭 한 올 없고, 허벅지도 종아리도 무릎도 아닌 곳. 접었던 선을 펼친 비무장지대. 연하고 고요한 곳.

그 경첩의 한가운데 손을 얹는다.

여기는 곧 닫힐 것이다. 곧 열리겠지만. 여닫는 그 오랜 찰나마다에 나는 나의 비밀을.

녹이 슬었나 봐요. 그가 말한다.

때로 기름칠이 필요하죠. 내가 말한다.

오목한 곳엔 찌꺼기가 모이죠. 물살이 느리니까요. 때로 몸이 몸을 낳아요. 혹이 생기고, 없던 뼈가 자라죠.

나는 그의 발목을 쥔다.

흘렀기, 살았기 때문인 걸요. 오래 걸어왔기 때문인 걸요. 언젠간 전부 마모되겠지만, 그전에 죽겠죠, 인간은.

다리를 접고 오금을 누르며 나는 발끝부터 닳아 없어지는,

없어지면서 계속 걸어가는 인간을 그려본다. 마모되는 인간. 마모되는 관계. 마모되는 인생. 그러면서도 녹이 끼듯 두터워지는 생의 굳은살.

나는 경첩을 달고 걸어간다.

너는 경첩을 달고 걸어간다.

경첩은 열리고 경첩은 닫히고, 나는 닫힌 슬와의 오목한 구덩이에 나의 비밀을.

피로와 슬픔이 나를 구부릴 때, 부드러운 쇠못처럼 나를 구부려 눕힐 때, 조용히 생겨나는 내 몸의 웅덩이. 나의 사각지대.

하루치의 녹이 낀 무릎을 쓸며, 나는 의자처럼 네 두 무릎이 내 오금에 와 닿는 상상을 한다. 계단에 계단이 포개지듯이, 의자가 의자에 포개지듯이, 한 계단과 한 의자도 기대 쉴 수 있다는 듯이, 부드러운 못처럼 구부러진 네가 내 오금 뒤로 포개지는 상상을 한다.

경첩은 닫히고 경첩은 열리고, 그 찰나의 공간마다 나는 나의 비밀을.

경련(痙攣)

: 근육이 갑자기 수축하거나 떨림.
마음의 수축과 떨림. 불수의(不隨意).

그 오후에 너는 울면서 들어왔다. 들어오면서 손목을 비틀어 내게 보였다. 뻣뻣하게 돌아가는 손목은 네가 비틀기도 전에 이미 비틀리고 있어서 손가락 다섯 개와 함께 모조리 너를 배반하는 듯 보였다. 배반은 점점 커지고 넓어져서 네 팔과 어깨를 집어삼킬 듯하였다.

꺽꺽 울며 너는 네가 이상하다고 했다. 생물처럼 일어서는 그 이상(異常)이 네 몸뚱이로 얼굴로 정신까지로 번질까 봐 나는 겁이 났지만, 나는 네가 붙든 유일한 인간, 통제되지 않는 네 몸을 제외하고 네 눈앞에 보이는 유일한 인간이었으므로, 나는 코흘리개의 콧물을 훔쳐 주듯 네 눈물을 훔치고 나무토막 같은 손가락을 감싸 쥐며 이건 이상한 게 아니라고 했다.

거짓말이었지만.

이 팔은 지금도 너의 팔이고, 이 일은 아주 잠시 일어났다 사라지며, 팔 따위는 심장을 먹어치우지 않는다고 말했다. 나는 이런 팔을 알고 있으며, 본 적도 있고, 거짓말이었지만, 지금 이 팔이 화가 난 것도 알고 있으며, 네 팔이 화가 난 이유를 너도 분명 알 거라고 말했다.

울며 너는 고개를 끄덕였다.

그런 일이, 있었다고 했다.

한 시간쯤 뒤에 너는 네 몸과 싸우다 지쳐 잠들었다. 동시에, 네 몸도 지쳐 잠들었다.

입 없는 분노가 일으킨 태풍과 해일을 보았지만, 나는 네게 다른 걸 캐묻지는 않았다. 네가 돌이켜 인지하였으므로, 마주하였으므로. 너의 정신이 맞서고 수습할 이후의 시간을 조용히 믿었다.

자해도 가해도 하지 않느라 너는 너와 싸움 붙었을 것이다. 지진이 일었을 것이다. 드디어는 네 몸이 너를 탈주하려는 그때, 네가 나를 붙들어 준 것이 고마웠다.

나는 태연한 척 네 눈을 맞추고 네 몸을 만지고 괜찮다, 괜찮다 했지만, 너의 자존을 위해 너의 참혹과 분노를 캐묻지 않았지만…… 이것 또한 거짓말이 아닐까? 내겐 네 분노와 참혹을 들어줄 용기도 능력도 없었던 게 아닐까?

나는 겨우 네 몸만 네게 돌려주고.

구급(救急)

: 위급할 때 우선 목숨을 구하기 위한 처치를 함.
살고 싶나, 죽고 싶나, 묻지 않는 것.

너는 아직 살아있다.

변기에 앉은 채 바퀴벌레를 마주친다. 화가 난다. 이건 반칙이지 않은가. 신문지를 내리친다. 그리고는 중얼거린다. 너는 아직 살아있다.

바퀴벌레는 위급상황에서 알을 쏟아내. 종족보존을 위해서야. 그러니까 때려죽이지는 마.

언젠가 누가 말했다. 그러면, 어떻게?

나는 신문을 들춰볼 엄두를 못 낸다. 살았을지 죽었을지 알 수 없다. 검게 번들거리던 그 커다란 것이 쏟은 알들을 짐작할 수 없다. 알들이 뿔뿔이 기어 나올 것 같다. 활자들이 뿔뿔이 흩어지고 있을 것 같다. 백지가 되어 가는 거무튀튀한 지면에 이런 기사 한 줄이 남아 있을 것 같다.

그는 아직 살아있다.

구급차가 사이렌을 울리면 나는 순식간에 너를 떠올린다. 경광등 아래 누운 너의 몸. 감은 눈과 벌린 입, 가쁜 호흡, 간헐적 신음을 떠올릴 새도 없이 사이렌은 지나간다. 너는 다만, 그 안에 있다.

—

사이렌 소리는 지나가는 소리. 오른쪽 귀 바깥에서 왼쪽 귀 바깥으로, 다급히 사라지는 소리. 그렇다면 세계의 왼쪽 끝에는 저승이 있나? 아니, 여전히 이승이 있나?

나는 너를 구급차에 넣고, 살기를 바란다. 아니, 죽기를 바란다. 나는 너의 위급을 바란다. 아니, 구급을 바란다. 구급차는 뒤뚱댄다. 나는 소리에 침범당하고, 사이렌 아래 급히 눕힐 누군가를 만들고, 그것은 급하게 너의 얼굴을 하고, 불쑥 나는 놀란다. 그게 다다. 구급차는 달린다. 나는 네가 멋대로 세상에서 사라질까 겁난다. 이렇게는 아니라고 화난다. 내 기도의 끝자락에선 더더욱 안 된다고 소스라친다. 바란다. 바라지 않는다. 깨져 요동치는 내 평화에 펌프질해대며 구급차는 사라진다.

귀가 커지고 눈에 힘이 들어간 채, 뻗어나간 더듬이를 다급하게 거두며, 나는 나를 들키듯 확인한다.

너는 살아있다.

다몽(多夢) 요안(腰眼) 인설(鱗屑)

아득해진다

다몽(多夢)

: 지나치게 꿈을 많이 꿈.
영혼의 피로한 발바닥.

불면과 다몽 중에 고르라면 무엇을 선택하겠습니까?

그가 묻는다.

결핍과 과잉 중에 무엇을?

틀렸습니다. 과잉과 과잉이지요, 말하자면.

뜬 눈과 감은 눈의 차이일 뿐입니다.

필름은 돌아가지요, 밤새. 단독 관객, 단독 상영입니다.

티켓은 없어요. 발권하더라도 무작위니까요.

극중극, 옴니버스, 컬트와 호러를 넘나들지요.

밑도 끝도 없는 상상력이 추진력입니다.

더블 캐스팅은 다반사. 급할 땐 머리만 바꿔 달고 등장해요.

의식과 무의식은 끝 간 데 없이 전진하고,

그것은 둘 다 밤만이 줄 수 있는 증상입니다.

내려 닫아 잠그고 싶은 눈꺼풀이 기어이 말려 올라가는 뻑뻑한 눈알.

치켜떠서 빠져나오고 싶으나 혼몽의 늪을 허우적대는 납 같은 눈꺼풀.

그러나 오로지 나에게만 복무하죠.

그리고 오로지 두려워집니다, 결국엔.

깨어 맞닥뜨리거나 반쯤 죽어 당하거나, 나는 위태롭지요.

오로지 나는 혼자이기 때문입니다.

일전에는 목을 걸타고 앉은 검은 것에 짓눌리다 가까스로 비명을 끄집어냈지요.

그리고 내가 찾은 건 옆 사람이 아니라 냉장고에 든 찬 소주였어요.

우습지 않습니까? 나는 사람에게 기대하는 것이 없더란 말입니다.

어쩌면 선생이 치료해야 할 것은 이런 나의 방면일지도 모르겠습니다.

어쨌든 나는 자야 한다고 믿는 사람이지요. 불면 중이건 악몽 중이건.

그런 강박은 어디서 왔는지 모르겠습니다만, 자야 하므로, 나는 소주를 털어 넣었지요.

옆 사람은 나의 악몽으로 동행할 수 없습니다만,

소주는 내 핏속을 덥히고 나와 동행해 검은 것을 같이 맞닥

——

뜨리겠지요.

그리고 조금은 담대해질 거라 믿는 겁니다.

그 밤에 나는 소주를 비우고, 병을 치우고, 잔을 씻었습니다. 물기를 닦고 찬장에 넣었죠.

이상하지 않습니까? 나는 흔적을 남기고 싶지 않았습니다.

현실에 악몽의 흔적을? 내일에 오늘의 흔적을? 옆 사람에 내 불안의 흔적을?

그 모두였을 겁니다. 그리고 나는 전장으로 가는 사람처럼 술로 더워진 몸을 칼처럼 쥐고 작심하듯 잠자리에 들었습니다.

자아, 선생은 불면과 다몽 중 무엇을 선택하겠습니까?

둘 중 어느 것을 내게서 치워주겠습니까?

오지 않는 새벽과 끝나지 않는 밤.

핏발 선 눈알에 까칠한 정신과 꼬리에 꼬리를 무는 혼곤한 꿈자리 중 무엇을?

그러나 선생은 선생의 병상에서, 나는 나의 병상에서 홀로 고투할 뿐.

우리는 남의 방, 남의 나라, 남의 육신 속으로 자막 하나 던져 넣을 수 없는 짧은 팔들일 뿐입니다.

요안(腰眼)

: 허리 뒤쪽 양옆 우묵하게 들어간 부분.
눈을 그려 넣는 마음.

가리비는 백여 개가 넘는 눈을 가졌단다. 나는 처음 알았다. 파란 알구슬 같은 눈알이 주름진 조가비 사이로 조랑조랑 달려 있었다. 가리비는 지금껏 나를 쳐다보고 있었던 거군. 물속에서 불 위에서. 그건 돌멩이에 눈이 달렸다는 말처럼 들렸다. 조개에게 눈이 없으란 법은 없다고 아무 선생도 여지를 주지 않았다. 조개는 도끼발을 내밀어 바닥을 긴단다. 더듬. 더듬. 도끼발로는 악수도 생각도 할 수 없고, 조개는 입수공 출수공, 먹고 토한단다. 단순하고 멍청하게. 모든 선생이 그랬다. 그래서 말인데, 네 손에 눈알을 쥐여 주면 너는 그 눈을 어디다 달래? 나는 눈알을 뒤통수에 단다. 손끝에 발끝에 귓등에 단다. 쇄골과 가슴 한복판에 단다. 배꼽 아래에 단다. 나는 백여 개의 눈을 가진 가리비가 된 듯하다. 백여 방울의 눈물을 한꺼번에 흘릴 수 있을 듯하다. 어쩌면 한쪽 귀로 듣는 이명처럼 한 눈이 슬플 때 아흔아홉 개의 눈은 아흔아홉 방향, 아흔아홉 감정을 보고 있을는지도 모른다. 허리에 달린 보조개 같은 두 눈. 나는 피겨스케이팅 선수처럼 네 뒤로 돌아가 양손으로 네 허리를 잡고 팔을 뻗어 올리고 그럴 때 엄지손가락이 꾹 누른

—

두 눈을 얼른 손 젖혀 열어 줘야겠다고 생각한다. 생각하지만, 나는 네 등 뒤에 서 본 적이 없군. 나는 너보다 작고, 나는 등 뒤를 항상 신경 써야 하는 초식동물처럼 살았군. 기척을 느끼고 어깨를 움츠리고 심박동이 빨라지며 발끝에 힘이 들어가는. 무력한 등 뒤를 가졌군. 그런 내 허리에 두 눈이 있다는 말은 가리비에 눈이 있다는 말처럼 들렸다. 네가 내 뒤로 다가와 서던 저녁, 그지없이 안온했던 이유를 알았다. 그때 내 등은 후방을 경계하지 않아도 되었을 것이다. 안대를 낀 것처럼 잠시 가깝고도 먼 곳을 느껴 보았을 것이다. 너의 체온이 내 허리의 두 눈을 감겨 주었을 것이다. 비로소 눈을 감아 보았을 것이다.

인설(鱗屑)

: 피부에서 하얗게 떨어지는 살가죽의 부스러기.
매번 새것이고, 오래 헌것인 나.

살비듬, 이라고 말하면 아득해진다. 살비듬은 이미 늙은 말. 시간이 흐른 말. 네 어깨에 얹힌 몇 날의 너를 손끝으로 톡톡 털어주던 날. 너에게서 부서져 나온 너. 나에게서 부서져 나온 나.

쓸어도 쓸어도 쌓이는 먼지는 지구가 둥근 흙뭉치이기 때문이야. 앉은 채 숨만 쉬어도 몸에서 조용히 탈락되는 것들. 네가 떨어져 나간 너와, 내가 떨어져 나간 내가, 어제처럼 마주 보는 오늘.

칼로 이마에 십자를 긋고 허물처럼 몸 벗을 재주가 없어서, 등을 가르고 젖은 몸을 꺼내는 매미 같은 한판 탈피가 없어서, 옆구리 어디쯤 좌악 벗어 내릴 지퍼 같은 것 없어서, 슬금슬금 평생을 조금씩 헐어서 버리는 것……,

이라고 생각하면 아득해진다. 물기가 마르고, 내 몸이 손을 떼기로 결정한 나의 외곽……,

이라고 생각하면 쓸쓸해진다. 더는 소용에 닿지 않는다는 것. 없어도 입김 하나 끼치지 않는 무게. 점토 인형에서 마른 흙이 묻어나듯이, 너는, 나는 바스러진다. 애초에 우리는 무언

가가 뭉쳐진 존재. 린설, 린설……,

이라고 발음해보면, 나는 비늘을 달고 걸어가는 물고기 같다. 앉아 있는 물고기, 고뇌하는 물고기 같다.

지느러미를 허우적대며 걸어온 길마다 흘려 놓았을 나의 비늘들을 생각해보면, 두어 뼘쯤 민달팽이가 기어간 길바닥같이 반짝이는 것도 같다. 이제는 무늬라고 불러도 될 자국들. 린설. 린설.

때로 문득 가려운 내 몸의 비늘들. 조용한 상처들.

떨어져 나가고, 떨어져 아물고, 새 비늘이 돋고, 새 비늘이 낡고, 낡은 비늘들은 또 귓속으로, 입속으로, 창자 속으로, 영혼 속으로도 떨어져 내릴 것이다.

지금 어두운 창밖으로 하늘의 살비듬이 훌, 훌, 훌, 떨어져 내리는 것과 같이.

항강(項强) 조갑(爪甲) 향(香)

돌아보다

항강(項强)

: 목 뒤가 뻣뻣하고 아파 잘 돌리지 못함.
어떤 것은 항상 내 뒤에 있다.

뒤돌아볼 때 그는 슬픈 표정을 지었다.

그는 슬프지 않다. 다만 일그러진다, 슬프게.

앉은 채 왼쪽을 보아 달라고 하자 슬프게 어깨를 틀려 한다. 오른쪽을 보아 달라고 하자 다시 슬프게. 꺾이지 않는 목을 버티느라 등과 가슴이 뻣뻣해진다. 눈동자만 힘껏 돌아가다 되돌아온다.

나는 첫 문장을 수정하기로 한다.

뒤돌아볼 때 그는 아픈 표정을 지었다.

그리고 표정은 마음에서 온다는 간명한 생각에 붉은 줄을 긋는다.

그는 아프고, 지금 그의 세계는 정면뿐이다.

척추를 세우고 그 위에 얹은 머리가 점점 커다래져서 어느 아침 목을 꼼짝달싹할 수 없게 된 해바라기처럼.

나사를 좀 풀어주시든지, 머리를 가져가시든지, 부탁이에요.

해바라기가 말한다.

머리라면 제게도 있는 걸요.

나는 그의 목과 어깨에 박힌 나사를 풀어준다.

오른쪽, 왼쪽, 남은 슬픔을 확인하듯 해바라기가 천천히 고개를 돌린다.

그러나, 돌아본다는 것은 가능한 것일까?

어안(魚眼) 대신 우리는 가느다란 목을 가졌지만.

뒤란, 보이는 것일까?

긴긴 뒤를 데리고 걷는 사람, 우리는. 걸으면서 뒤를 낳는 사람, 우리는. 낳다가 멈춰서 잠시 돌아볼 때, 뒤란, 보이는 것일까? 등에 붙어 나와 함께 돌아보는 나의 뒤라는 것은?

나는 등 뒤로 돌아가 드는 칼로 내 등에 붙은 뒤를 발라낸다. 거죽을 발라내고 기름을 걷어내고 힘줄을 덜어내고 기기긱 칼끝이 뼈에 닿는 소리를 낼 때, 거기 세로로 박혀 있는 1미터 60센티의 나사못 한 개.

나는 첫 문장을 다시 수정한다.

뒤돌아보려 했으므로 인간은 슬픈 표정을 지었다.

불가항력을 맞이하는 표정이 우리의 얼굴을 덮친다.

조갑(爪甲)

: 손톱과 발톱.
사냥의 흔적.

재첩 같다.

아이는 열 손가락 끝에 재첩 껍데기를 얹고 물에서 걸어 나온 사람 같다. 차륵거리는 물살과 흰 모래알.

이 연하고도 단단한 살갗 아래는 물결이 찰박이는 강이에요.

아이는 얼마만큼 자라면 발견하게 될까.

제 손에 얹힌 작은 조가비들을.

그리고 얼마만큼 자라면 알게 될까.

끝없이 길어나는 제 촉수들이 매나 고양이의 발톱과도 같다는 걸.

그리고 무언가를 할퀴게 될까. 감추게 될까.

둥글려 깎아 저의 동물을 숨기게 될까.

제가 저를 뜯어먹는다는 건 비유가 아니라고,

내 앞에 앉은 아이는 말한다. 입을 꾹 다물고.

눈길을 피하며 이따금 수줍은 미소를 머금고,

너덜너덜 피 맺힌 열 손가락을 보여준다. 슬그머니 가져간다.

발톱도 이래요. 엄마가 말한다. 틈만 나면 이래요.

틈만 나면 아이는 제 무엇을 죽이는 걸까.

가장 동물다운 방식으로, 무엇 대신 저를 물어뜯고 있는 걸까.

입과, 손과, 발. 우리는 이것뿐, 실은 더 무엇일까.

머리카락을 하나씩 뽑지 않아서 다행이야. 물어뜯어도 아프지 않은 데가 네 몸에 있어서 다행이야. 점점 더 통증은 실감 나겠지만. 네 통증이 네 이빨 끝에서 결정되니 다행이야.

열, 스물씩이나, 느려 터져도 계속 자라나오니 다행이야.

네가 네 입속으로 들어가 버리는 것보단, 네가 네 손발을 먹어서 다행이야.

구십구 퍼센트의 너는 너를 지키고 있구나.

일 퍼센트의 너를 먹어 치우면서.

향(香)

: 불에 태워 냄새를 내는 물건.
하나를 덮으려 하나를 태우다.

그 언덕에 가야 한다.

저편에는 외따로이 장례식장이 있다. 이편에는 흐드러지게 벚꽃이 핀다. 이편과 저편 사이는 아무도 살지 않는 캄캄한 맹지(盲地). 바람이 살고, 바람이 불고, 사납지 않은 사월의 바람이 하르르르 꽃잎을 쏟아 내리고, 공중 가득 바람의 근질거리는 잇몸.

장례식장에 불이 꺼졌어.

오늘은 아무도 안 죽었나 봐.

이렇게 말하러 가야 한다. 이편과 저편을 오가는 중간자처럼, 오늘은 이편에서 다리쉼을 하는 중간자처럼 말하러 가야 한다. 아무도 안 죽었다는 이상하고 쓸쓸한 마음을 느끼러.

그러니까, 오지 않는 사월의 밤에.

머리 위로 손을 뻗으면 하얀 꽃가지가 손끝에 닿는. 그러니까, 이편 언덕에.

어제는 책상에서 일어나 그대로 문을 걸어 나가서 절로 들어갈 수 있겠다는 생각을 했어.

지금 여기서 저기로, 저 캄캄한 맹지를 건너, 간다면 그게,

죽음인가?

훌륭한 너에게 이런 물음이나 던지러.

가지도 않을 거면서 그런 말은 왜 해?

훌륭한 네게서 이런 대답이나 들으러.

그러니까, 다시 오지 않는 사월의 밤에.

더없이 평화로운 지뢰밭같이 밤은 펼쳐지고, 검은 풀밭은 펼쳐지고, 흰 벚꽃만 펑펑펑펑 폭발하는 언덕에.

그러니까, 오지 않는 너를 데리고. 이렇게 물으러.

저편에서 이편을 볼까?

저편에서 이편을 올까?

쓸쓸하게 안도할까? 오늘도 무언가 죽고 있군.

이편의 밤 벚꽃을 보는 저편의 이는. 밤 벚꽃 아래 선 두 사람을 보는 이는. 벚꽃의 구름 같은 해산(解散)을 보는 이는. 이편의 소리 없는 풍장(風葬)을 보는 이는. 아무도 살지 않는 저편의, 아무도 죽지 않은 장례식장에, 밤을 지키고 앉아 허밍을 하는 이는.

그러니까, 그 유일한 사월의 밤에.

하악(下顎) 부종(浮腫) 기도(祈禱)

뼈와 칼

하악(下顎)

: 아래턱.
침이, 눈물이, 밥알이 추락하는 곳.

턱에서 숨이 자란다. 턱에서 말이 자란다. 턱에서 신음이 자란다. 여물을 씹듯이 턱이 턱을 씹는다. 닫히지 않는 턱이 허공을 씹는다. 턱을 넘어가는 숨. 턱에 걸려 하악, 간신히, 넘어가는 숨. 산다는 것.

어느 날은 벌린 입속으로 손가락 두 개를 세워 들어가질 않고, 어느 날은 한껏 벌렸던 턱이 덜컥, 다물어지질 않는다. 손가락 두 개와 네 개 사이. 산다는 것.

팔이 빠지고 턱이 빠지고, 의사는 보호자를 잠시 나가 있게 한 뒤 억세게 팔을 당겼다 집어넣고 우악스럽게 관절을 젖혀 끼우겠지만. 산다는 것. 인간이란 얼마나 허술한지.

밥 먹다가 하품하다가도 궤도를 이탈하는 인간이란, 마디마디 뼈들의 엉성한 집합체. 그 이백여섯 개의 뼈마다 마음 하나씩을 붙이면, 인간이란 이백여섯 곱절 또 얼마나 허술한지.

오늘도 나는 두개골에 끼워진 아래턱을 움직여 아침 일곱 시의 밥을 먹었습니다. 밤 열두 시의 양치질을 했구요. 그사이 주워 담을 수도 없는 말들을 쏟았어요. 개중에는 침 흘리듯 입

가를 새어나간 몇 마디도 있었습니다. 몇 번의 하품과 한 번의 박장대소. 그리고 오랜 휴지(休止)……지금처럼 위아래턱을 맞물리고 가만히…… 이따금 음계 없는 휘파람. 입술을 문 입술보다 턱에 물린 턱이라고 쓰면 입맞춤은 너무 '엑스레이'적인가요? 체온을 벗겨내고 해골의 필체로 쓰는 편지 '그리운 하악'쯤 되겠습니다.

턱에서 침묵이 자란다. 턱에서 목이 자란다. 그 아래로 구근(球根) 같은 심장과 주머니 같은 밥통. 산다는 것.

부종(浮腫)

: 몸이 붓는 증상.
나는 이상하게 커지기도 한다는 것.

는은 눈두덩이 세 배로 불어 있었다.

위아래 눈꺼풀이 맞붙어 도무지 숨 쉴 구멍조차 없어 보였다.

보이니?

보여. 간신히 말했다. 무거워.

속이 얼비치는 물주머니 두 개가 는의 눈동자에 얹혀 있었다. 바늘로 찌르면 촤악 무언가가 쏟아질 것 같았다.

때리면 붓는다는 거 신기하지 않니?

울어도 부어.

인중도 입천장도 부어.

산 거니까.

죽은 건 안 붓지?

그저 부서지지.

는의 마음은 제 눈을 밤새 많이도 때렸나 보다. 어떤 손은 는의 마음을 많이도 때렸나 보다. 그렇다면 는의 마음도 지금 잔뜩 부어 있겠다. 마음의 층과 층이 우두둑 뼈를 세워 몸을 일으키고 그 기둥과 천장과 바닥 사이로 꽉 들어찬 무엇. 피

같은, 물 같은, 고름 같은 무엇.

그럼 때린 손도 지금쯤 부어 있는 건가?

부어 있길 바란다고 말할 뻔했다. 그 손이 는의 어깨에서 뻗어 나온 것일 수도 있다는 생각을 하기 직전에.

는의 이름을 '나는'으로 바꾸고, 거울 앞에 앉아 나는 얼굴에 모눈을 그린다.

촘촘한 체의 눈들. 표정이 모래처럼 솰솰솰 빠져나간다.

얼굴은 체에 걸러진 커다란 덩어리 같다.

체 너머의 얼굴은 구멍 숭숭 뚫린 무방비 상태로 내 시선을 받는다. 저것은 나로부터 체를 통과해 나간 입자들이 쌓여 이룬 더미일지 모른다. 저 세계에.

나는 모눈 위에 선을 하나 더 긋는다. 모눈은 나날이 촘촘해진다. 어이없이 구멍 난다. 메운다.

때로 나를 통과해 들어온 것들이 내 안에서 몸을 키워 나를 점령한다. 내 눈을 빠져나가지 못한다. 나를 먹고 자라 내가 된다. 서로 부대낀다. 내 속에 겹이 있다는 걸 알게 한다. 겹 안에 겹 안에 겹이, 서로 쓸려 아프다. 헐고 진물 난다. 열나고 김

서린다. 출구 없이 팽창한다. 제풀에 지칠 때까지.

낮밤을 가리지 않으며, 때로 인간이 외래 균(菌)이기도 하다는 걸 알게 한다.

기도(祈禱)

: 절대적 존재에게 빎.
꽃은 기도하지 않는다. 그런가……

일흔 줄의 남자는 다리를 절었다. 좀 모자라는 아들을 키운다고 했다. 상처했는지 이혼했는지 묻지 않았다.

아들 나이 오십인데요, 벌써 전립선 비대가 생기나 봐요.

그럴 수 있지요. 그런데 아드님이 전립선 비대를 아나요?

아니요. 예전에는 오줌 눌 때 하나, 둘, 셋… 열을 세면 됐거든요. 인제는 스물을 세도 안 돼요.

A는 말끝에 눈시울을 붉혔다.

허리가 다 굽은 할머니가 더듬더듬 우물쭈물 말했다.

영감이 먹으면 시나브로 죽는 약 좀 지어줄 수 없을까요?

크게 화를 내고 돌려보냈다.

영감님이 3년째 누워 있다고, B의 표정이 착잡했다.

술 취한 보호자가 고래고래 소리쳤다. 야간 당직 때였다.

그만하면 됐잖아! 그만큼 데리고 있었으면 됐잖아!

취한 남자를 불러서 달랬다. 무슨 말씀인지 다 안다고 했다.

가끔 있는 일이라며 C는 허탈하게 웃었다.

길 건너 미용실 있던 자리는 2년째 비어 있다. 임대라고 써 붙인 작은 현수막이 보인다. 싸움 끝에 남편이 부인을 죽였다.

윗동네에서 아들이 친구를 시켜 어머니를 죽였다. 포승줄에 묶여 현장 검증을 마치고 차에 오르는 누군가의 뒷모습을 보았다.

'닥터 데쓰'라 불리는 이가 '죽음제공기계'를 선보였다. 그는 언제 죽을지를 선택하는 것은 아픈 사람만이 아니라 인간의 기본적인 권리라고 말했다.

나는 내 가장 깊은 곳에 숨은 나를 내 손으로 끄집어내 서로 들켜야 하는 미래의 낯 붉은 날을 생각했다. 욕망과 선택.

그리고 P와 K에게 편지를 쓰기로 했다.

L과 Y에게 칼과 담배를 보내기로 했다. 예전에 주려 했던 것이라 적고, 칼끝은 이제 구부려 두기로 했다.

전심전력을 다해 미워하고 사랑하고 회피하였으므로, 그 나머지는… 되었다.

나는 잠인 듯 죽음인 듯 문을 닫고 불을 끄고 들어가 눕는 생의 욕망을 떠올린다. 그것은 사람 하나의 크기와 겉모습을 하고 있다.

바람에 꽃잎이 곤두박질친다.

J를 떠올린다.

연두가 온몸을 휘청대며 눈부시다.

늑간(肋間) 난청(難聽) 고인(故人)

도착해서 죽는 말들

늑간(肋間)

: 갈비뼈와 갈비뼈 사이.
열려 있으나 닫힌 틈.

석류꽃이 떨어졌다.

너는 석류꽃을 주워 내게 보냈다.

이 딱딱한 꽃들. 뾰족뾰족한 입술들.

나는 네가 보내준 채로 석류꽃을 펼쳐 놓고 들여다본다.

불 켜진 것들. 곧 꺼질 것들. 점점(點點) 붉은 혓바닥을 흩어 놓고, 갓 죽은 것들. 그래서 싱싱한 것들.

네가 내게 보내줄 수 있는 건 죽은 것들이다.

죽고 아름다운 것들. 더 갈 데 없는 것들. 도착해서 죽는 말들. 이 붉고 싱싱한 죽은 씨방들.

나는 석류꽃을 바늘로 꿰어 실에 매단다. 너의 늑골 칸칸이 걸어준다. 조롱에 불을 켜듯이 네 흉곽이 환해진다.

숨을 쉴 때마다 부러진 늑골에 허파라도 찔리듯 마음이 환장하게 아파올 때, 구름 같기도 불화살 같기도 채찍 같기도 한 것이 옆구리를 휘감을 때, 두 팔을 엇갈려 몸을 감싸고 가만가만 손끝으로 더듬어 보라.

칸칸이 너는 너의 비장을 지킨다. 심장을 지킨다. 견고한 성곽처럼.

—

간지럼과 통증을 회벽처럼 개어 바르고 너는 꾸꾸하게 꾸꾸하게 마를 것이다.

나는 네게로 가는 말들을 붉은 종이에 겹겹이 싼다. 네 굽은 늑골과 늑골 사이에 끼워 준다. 딱딱한 불꽃들. 갓 죽은 것들. 죽고 아름다운 것들. 그래서 싱싱한 것들.

말은 가서 죽는다. 가서 죽으려고 태어나는 말들.

지상에 피어나는 것은 모두 홍등(紅燈) 아니면 조등(弔燈).

두 팔을 엇갈려 몸통을 감싸 안고, 나는 내 야윈 늑간마다 열 손가락을 포갠다.

난청(難聽)

: 청력이 저하되거나 손실된 상태.
귀가 안으로 열린다면 우리는 미치겠지.

어느 아침 싱크대 수돗물이 크게 울었습니다.

물도 악을 쓰는군.

저는 혼자 생각했죠.

그러고 나서부터 모든 것이 악을 쓰기 시작했습니다. 텔레비전도 청소기도 환풍기도 헤어드라이어도 꽝꽝꽝꽝 울려대기 시작했어요.

시끄러워서 살 수가 없네.

귀먹었어요? 소리 좀 낮춰요!

말하고 싶었지만, 제 귀가 먹었다더군요, 이비인후과 의사 말이. 청력이 10분의 1밖에 안 된대요.

그게 말이 되나요? 저는 너무 잘 들려서 문제거든요. 심하게 잘 들려 괴롭거든요. 몸뚱이가 통째로 귀가 된 것 같습니다. 귓구멍이 된 것 같아요. 안테나 접시처럼 들을 것 안 들을 것 죄다 쓸어 담는 깔때기가 된 것 같아요.

무섭습니다. 심할 땐 토할 것 같아요. 머릿속이 윙윙거려 넘어질 것 같고요. 붕– 붕– 소리 아세요? 거대한 기계가 가동되는 공장이요. 연기를 뿜어 대는 커다란 굴뚝 속에 앉아 있는

—

느낌이요.

그러다 잠잠해진다 싶으면 그때부터 매미가 울어요.

귓속에서 웁니다. 끊임없이.

제가 일부러 귀를 세워 듣는 게 아니거든요. 듣고 싶은 소리가 따로 있는 것도 아니거든요. 열심히, 열심히, 제 할 일을 하는데, 세상이 갑자기 비상벨을 울리고 쿵쾅쿵쾅 기계가 돌아가고 앰프 스피커를 장착한 사물들이 사방에서 고함을 질러대기 시작한 거예요.

이사하고 대청소를 했어요. 싱크대 물소리, 말씀드렸던가요? 장거리 운전을 몇 달간 했어요. 아버지 간병이요. 얼마 전 암으로 돌아가셨습니다. 엄마를 모셨어요. 식구 눈치가 좀 보였습니다. 직장은 빡센 곳이에요. 며칠 병가를 냈어요.

네?

저도 잘 모르겠어요.

네?

귀 좀 안 들리면 좋겠어요.

대체 누가 제 귀에다 증폭기를 단 걸까요?

귀 하나가 얌전히 일어서서 몸을 접고 인사했다.

웃자란 귓바퀴가 너덜너덜했다.

죽은 날벌레를 쓸어내듯이 한 무더기 소리를 공중으로 걷어내고, 귀마개를 끼우고,

입 없는 귀 하나가 걸어 나갔다.

고인(故人)

: 죽은 사람.
  나의 미래.

나는 고인을 알지 못한다.

고인은 고인이어서 알 방법이 없다.

영원히 나는 고인을 알지 못한다.

나는 고인을 만나러 장례식장에 가지 않는다.

남겨진 사람들로 묶여 나는 유족과 절하고 처음이자 마지막일 인사를 나눈다. 고인의 이야기를 듣는다. 고인의 이름을 읽는다.

고인의 이야기는 덜어지거나 더해지면서 간략한 서사로 완성된다. 서사는 부피와 양을 가진다. 병력과 임종과 발인과 장지와 유족과……

그 깊이와 빛깔에 대해서는 잘 알 수 없다.

국을 뜨는 동안, 잔이 비워지는 동안, 다른 문상객의 상이 차려지는 동안, 나가서 담배 한 대 태우고 들어오는 동안. 불쑥 비어지는 눈물. 마른세수를 하고 다시. 국을 뜨는 동안, 잔이 비워지는 동안, 다른 조문객의 상이 차려지는 동안, 나가서 담배 한 대 피우고 들어오는 동안. 사흘 낮밤 되감기는 이야기. 시작점은 희미하고 끝은 분명한 이야기.

나는 고인을 알지 못한다.

내가 아는 고인은 안다고 하기엔 너무도 미미하고, 그러나 그 먼지들을 모아서 나는 영정 앞에 절한다. 인연의 끈을 재는 줄자가 빈소에는 없다. 때로 고인보다 고인을 잃은 이가 안쓰러워서, 우리는 미미한 먼지처럼 있어본다. 내가 잃을 사람과 나를 잃을 사람을 몰래 생각해본다. 나를 잃은 이 앞에 어쩌면 이들은 먼지처럼 있어줄 것이다.

그리고 어느 날, 나는 고인을 알지 못한다.

고인은 내가 아는 고인과 비슷한 사람이다. 나만 아는 고인은 영정 속 고인과 다른 사람이다. 세상의 목록에는 없는 나의 고인이 나를 모르는 얼굴로 웃고 있다.

그리고 어느 날, 나는 고인을 알지 못한다.

영정 속 고인은 이미 오래된 고인이다. 내 속에서 낡은 나의 고인이 낯선 얼굴로 허공을 보고 있다.

어느 날, 고인은 나를 만나러 장례식장에 온다.

어느 날, 나는 고인을 만나러 장례식장에 간다.

주고받을 것이 남아서, 우리는 이생의 단 한 번 서툰 절을

—

한다.

이 마지막 연애.

일 배.

이 마지막 싸움.

이 배.

동공(瞳孔) 타박(打撲) 골(骨)

검은, 푸른, 흰

동공(瞳孔)

: 눈동자.
무한한 방.

기억이 지운다고 지워집니까?

볼록한 눈두덩과 눈동자를 보면서 나는 버릇처럼 갑상선항진을 떠올린다.

집요하고 고요하군…….

오래전 한 사람과 또 한 사람의 얼굴이 거기 들어 있다. 나는 얼굴 세 개를 마주본다.

나쁜 기억은 절대로 지워지지 않잖아요?

두 번째, 나는 고개를 끄덕인다.

그의 눈은 지워지지 않는 기억을 추적하러 맹렬하게 달려나간다. 돌아온다. 마주본다.

기록하려고요, 차라리. 지울 수 없다면.

세 번째, 나는 고개를 끄덕이며 그의 말끝에 포개어 말한다.

지울 수 없다면.

그동안 내 눈은 총알처럼 머릿속을 내달린다. 흑백 필름들이 순간순간 솟는다. 장면과 장면. 눈의 초점이 안구 뒤쪽으로 훅, 당겨져 들어간 것 같다. 뇌의 골짜기를 훑는 눈동자. 카메라 안으로 잠식해 들어간 렌즈.

제 손으로 만든 유리구를 들여다보는 신(神)처럼, 나는 본다. 듣는다. 오감이 작동한다, 빠르게. 눈알을 당겨, 나는 돌아 나온다. 마주본다.

그의 눈동자가 저렇게 튀어나온 이유를 알겠다고 나는 생각한다. 맹렬하게 달려가기. 가서 물기. 맹수처럼. 포획물의 목덜미를 물고 돌아오기. 어깻죽지를 일렁이며.

내 얼굴 위로 파동이 지나간다. 감춘다. 스크린처럼, 내가 보는 것이 얼굴 표면에 영사되지 않는 것이 다행이다. 나는 기억 속으로 뛰어 들어가 놈의 뺨을 올려붙이고 있을 것이다.

그가 나를 본다.

그는 총을 쏘지 않았지만 나는 격발되어 탄환처럼 날아갔다 돌아오는 중이다.

그의 눈동자는 다만 물었다.

기억이, 지운다고 지워집니까?

타박(打撲)

: 사람이나 동물을 때리고 침.
사람이나 동물이 하는 일.

도라지꽃을 아프지 않게 볼 수 있게 된 건 몇 년 되지 않습니다. 도라지꽃의 푸른 보랏빛을 좋아하지요, 저는. 그 앞에서라면 몇 시간이고 앉아 있을 수 있습니다. 흰 꽃 말구요. 네. 푸른 보랏빛이요.

등허리를 걷어 올렸을 때 여자는 푸르렀습니다. 넘어졌다…고 했지요. 넘어진 사람의 목소리가 아니었습니다, 그건. 저는 냉정한 사람입니다만, 목울대가 치밀어 그대로 문답을 끊었습니다.

여자에게 필요한 건 거짓말이었습니다. 여자의 등은 제게도 그걸 요구했습니다. 거짓말에 능숙하지 못한 저는 입을 다물었습니다. 결과적으로 무뚝뚝해졌죠. 알아채지 못한 척하고 싶었습니다만, 다 알고 있다고도 하고 싶었습니다. 그러나 당장은, 여자의 거짓말을 존중하는 것밖에 해 줄 것이 없었습니다. 여자는 내게 등을 보일 의무만 있었습니다. 내게 다른 권리란 없었습니다.

사람은 핏물 주머니지요. 베면 쏟아집니다. 때리면 터지지요. 터져 고이면, 푸릅니다. 푸른 보랏빛이요. 네. 저는 푸른 보

—

랏빛을 좋아하지 않습니다.

오래가거든요, 그건…… 붉게 흘러내리지 않으니까 우울하거든요. 우울한 사람의 우울한 보랏빛은 응급 대응을 곤란하게 합니다. 그 곤란이 저는 싫었습니다. 이기적인가요? 보랏빛은 어디서 오는가…… 우울은 입을 다물게 하지요. 그 암묵의 무기력이 저는 죽도록 싫었습니다.

싫었다고요, 네? 싫었다고 몰랐던 건 아니라고요, 네? 사람은 때리면 아프다고요, 네? 때리면 죽는다고요, 네? 맞아본 적 있어요? 사람한테 두들겨 맞아본 적 있어요? 마지막으로 맞아본 게 언제예요? 맞아본 적 있냐고요!

도라지꽃 참 곱죠? 싱싱한 푸른 멍이에요. 거기서 멍을 빼내는 데 삼십 년이 걸렸어요.

골(骨)

: 뼈.
덜어서 네게 줄 수 없는 것.

하얀 뼈가 눈앞에 놓여 있다.

뼈라고 안 건 나중 일이다.

둥글넓적한 석고 비스킷. 촘촘한 빗금으로 새겨진 다섯 장 꽃잎. 한가운데 작은 별. 별의 꼭지마다 바늘구멍. 뒤집으면 거무스름한 연잎 문양. 다섯 갈래로 뻗은 회색 고랑. 열 갈래 스무 갈래 갈라지는 잎맥. 한가운데 직경 삼사 밀리의 구멍.

까만 구멍 속을 애써 들여다본다.

흔들어본다. 싸락싸락. 모래 알갱이가 쏟아진다.

위아래로 움직여본다. 파도 타듯 출렁여본다.

모래가 떨어진다. 싸락싸락.

말하자면, 이건 유골이다.

유튜브에 살아있는 이것이 보였다. 거무튀튀한 원반을 바닷물에 놓아두자 스스스 모래 속으로 들어가 버렸다. 다른 차원으로 사라지는 비행접시처럼.

연잎성게는 전진하는 쪽에 입이 있고 뒤쪽에 항문이 있다.

그런가 보다. 누구나 입을 내밀고 뒤를 감추나 보다.

사는 일은, 전진인가 보다.

말하자면 이것은, 촉수가 다 벗겨진 골격이다.

우주선 같은 이 안에 복도와 마루와 벽과 창문이 있다. 먹고 자고 싸고 숨 쉬는 공장. 꽃잎 모양으로 숨을 쉰 이. 맨발의 누가 마루와 계단과 복도를 걷는다. 벽을 더듬고 창문을 내다본다.

이것은 잘 마른 뼈다.

내 몸 구석구석을 뒤져도 아름다운 뼈 한 점이 없을 것 같은 날.

둥근 무릎뼈 두 점을 추려 주랴, 네게? 꽃잎 문양도 없이.

앞은 입이고 뒤는 항문이라 할까? 네게로 걸어가던 그것들을.

그러나 이 고요한 뼈는 앞뒤를 잊었다.

뼈라는 말과 구멍 속의 우주가 나를 그 안에서 걷게 하고 창을 내다보게 한다.

이것은 껍질이 아니라 뼈다.

이 말은 나를 단단하게 한다.

오래된 내 사람의 유골 같다.

이륜(耳輪) 중독(中毒) 수장(水葬)

꿈같다는 말, 개 같다는 말

이륜(耳輪)

: 귓바퀴.
사랑은 왜 여기다 대고 말하나.

몸에 주머니가 없다.

손으로 옆구리를, 허리춤을 쓸어내려 보아도 어디 한 곳 걸리는 데가 없다. 손을 맞아 당기는 데가 없다. 남의 몸을 수색하는 손처럼 내 손은 몸을 걸림 없이 일주한다. 몸에 손을 심으려던 사람처럼 나는 포기한다.

몸에는 주머니가 없다. 알고 있던 것이다. 가뿐하고 쓸쓸하다. 여분의 무엇이 생에는 없다는 확신.

귓바퀴의 홈을 따라 손끝으로 걷는다. 얇고 가파른 길. 막다를 것같이 불안하고 좁은 골목. 휘어진 모퉁이. 거기 원래 자라고 있던 고요. 솜털 같은 잔풀. 내 손끝이 만드는 풀 밟는 소리.

이 길을 따라 누가 걸어왔는지. 누가 걸어 나갔는지. 입김을 불며 거칠게 달렸는지. 비바람이 멎었는지.

옴폭한 귓바퀴에 손가락을 걸치고, 나는 흡사 귀를 막고 있는 사람 같다.

귀뚜라미는 앞다리에 귀가 있다지. 다리를 저는 귀뚜라미는 귀를 다친 귀뚜라미일 수 있다지. 눈물을 흘리는 사람은 마음 아니라 눈을 다친 사람일 수 있다지. 귀를 막은 사람은 소리를 막은 것 아니라 제 소리를 듣고 있는 사람일 수 있다지.

빗물처럼 인생이 수직으로 흐르는 거라면 여기에 얼마쯤 고이겠지. 바람처럼 옆으로 불어드는 거라면 여기에 얼마간 걸릴 것이다.

그리고 기억은, 둘 데 없는 손을 뻗어 여기 남은 것들을 만져보는 것이다. 주머니에서 먼지 묻은 별사탕을 꺼내듯이. 잉크가 날아간 영수증을 펼치듯이. 죽은 무당벌레를 날려 보듯이.

꽃이 피었다는 말. 누구를 좀 닮았다는 말. 좋다, 좋다, 좋다는 말. 아프냐는 말. 미안하다는 말. 싶다, 싶다, 싶다는 말. 그래, 너 잘났다는 말. 다 때려치우라는 말. 해볼 테면 해보라는 말.

꿈같다는 말. 개 같다는 말.

거기 손 하나가 들었기를 바라지도 않는데, 그저 빈손을 좀 꽂아 넣고 싶은데, 몸에는 주머니가 없다.

말이 말라 뒹구는 귓바퀴 두 개만 있다.

중독(中毒)

: 생체가 음식물, 약물의 독성에 의해 기능장애를 일으킴.
차단과 격리를 요함.

문제가 늘 눈에 보이나요? 사는 게 그렇죠. 긁어서 가려운 건지, 가려워서 긁는 건지 모르겠어요. 이상한 게, 긁으면 더 가려워집니다. 긁을수록 퍼져나가요. 여길 긁으면 옆이, 옆을 긁으면 또 옆이. 피리 떼 같은 게 몰려다녀요. 손대면 흩어져 버리는. 갈수록 짜증이 나요. 그게 가려움 때문인지 피리를 놓친 때문인지 모르겠어요. 나중에는 헷갈려요. 진짜 가려운 게 맞나…… 잊어야지, 하면 일이십 초 참을 수 있어요. 그런데 스멀거리는 걸요. 손톱이 지나간 자리는 벌겋게 부풀고, 나중에는 그게 원래의 병증 같아 보이죠. 그러다 지쳐요. 손가락도 피리도. 전쟁 같은 절정을 넘기고 나면, 피를 보기 직전에 멈추게 되더군요. 죽기는 싫은 건가요? 긁어댄 곳은 너덜너덜 쓰라리고, 피가 비죽 솟은 곳도 있어요. 자학이요? 설마요. 여기 피부 밑에 이상한 게 있다구요. 벌레를 잡듯이, 매번 놓치긴 해도, 이건 방어에 가깝죠. 구더기들이 기는 느낌 아세요? 아예 발 많은 놈은요? 발인지 털인지 모를 것들이 예측할 수 없는 속도와 리듬으로 내 몸을 기어 다니는 느낌? 살면서 어느 하나 예측하고 통제한 적 없지만, 내 몸뚱이 하나는

—

그래도, 그래도 내 맘대로 해야 하잖아요? 잘못 먹은 건 없었어요. 아주 정상적인 식사, 정상적인 설거지, 정상적인 주말 드라마. 그리고는 두두두두 솟기 시작했어요. 긁고, 부풀고, 긁고, 부풀고. 뭐가 먼저인지도 모를 갑작스런 두드러기요. 정상적인 식탁, 정상적인 소파, 정상적인 남편, 정상적인 남은 밤이 있었죠. 정상적인 결혼, 정상적인 오늘, 정상적일 섹스, 정상적일 내일, 내일, 내일. 두두두두 몸속에서 지축이 흔들렸어요. 내장에도 두드러기가 솟았어요. 심장을, 창자를 긁을 수가 없었어요. 손톱이 닿질 않았어요. 알레르기요? 정상도 알레르기의 원인이 되나요? 제가 저의 항원이면, 어떡하지요?

수장(水葬)

: 시체를 물속에 장사 지냄.
그 물은 어디에 묻나.

그는 물속에 흰 장미를 두었다.

흰 장미는 초록 잎과 더불어 요요하고 창백했다.

—양쪽 끝에서 물이 뚝뚝 떨어졌어요.

유리관처럼 기다란 비닐에 갇혀 누운 장미는 열대어처럼 헤엄치지 않았다.

—꽉 묶었는데도 새더라구요.

그는 기다란 비닐에 흰 장미를 넣는다.

아래를 묶고 물을 붓는다.

흰 장미는 목까지 머리까지 잠긴다.

나는 목까지 머리까지 잠긴다.

—시간이 갈수록 부피가 줄었어요.

그는 기다란 비닐에 물을 채운다.

흰 장미를 초록 스펀지에 꽂는다.

물에 밀어 넣는다.

장미는 천천히 하강한다.

위를 묶는다.

눕힌다.

—

—나중엔 전시장 바닥이 흥건했어요.

그는 물속에 흰 장미를 넣는다.

긴 비닐을 통과시켜 장미를 가둔다.

양끝을 묶는다.

건져 올린다.

나는 물에 갇힌 채로 건져진다.

—비닐은 결국 흐물흐물해졌죠.

그는 비닐에 넣은 흰 장미를 물에 띄운다.

물이 새어든다.

장미는 서서히 침몰한다.

건져 올린다.

—유리탁자 밑에다 조명을 비췄어요.

그는 바다에 잠긴 흰 장미를 본다.

바다를 떠낸다.

비닐로 된 투명한 관(棺)을 만들고 Sewol Ferry disaster*라고 쓴다.

——

나는 물에 잠긴 흰 장미와 투명 비닐이 불빛에 비쳐 아름답게 보이는 게 마음에 거슬린다.

바닥에 가라앉지 않고 물 한가운데 누운 장미의 균형이 거슬린다.

물에 갇힌 채 스펀지에 꽂혀 물을 빨아먹는 존재의 구조가 거슬린다.

시간은 흐르고 물은 샌다.

비닐 관은 후줄근해진다.

구조물은 주저앉고 흰 장미는 아직 싱싱하고,

처참해진다.

나는 처참을 기렸던 게 아닌가?

나는 이 물이 소금물이어야 할지 잠시 고민한다.

흰 꽃보다 핏빛 꽃다발이 나을지 고민한다.

이파리를 앙상하게 훑어버릴지 고민한다.

나는 의미에 집중하는 내가 거슬린다.

시간은 흐르고 물은 샌다.

비닐 관은 침몰하고 바닥은 젖고 관람객은 익사하지 않는다.

나는 예술이 재현에 그치는 것이 거슬린다.
아무도 장미를 꺼내지 않는다.
꺼내지 마시오, 쓰지 않는다.
꺼내시오, 쓰지 않는다.
나는 나의 이 글이 그의 재현에 그치는 것이 거슬린다.
꺼내지도, 꺼내지 말지도 마시오.
나는 관을 들어 햇볕 아래 던진다.

---

* 지민희, 2014, 베를린.

소복(小腹) 병명(病名) 말기(末期)

적어 넣다

소복(小腹)

: 아랫배.
작다는 말을 이름으로 지닌 것들.

이름을 써넣기 좋은 곳이야, 나는 중얼거린다.

소복하다, 소복은. 손 하나를 올려놓기 맞춤한 곳.

도도록하고 평온한 이 구릉에 나는 무얼 좀 적어 두어도 좋겠다고 생각한다.

둥근 호를 그려가며 긴 말과 짧은 말을 얹어 놓아 본다.

이 야트막한 언덕은 표정이 없다.

잔털이 배꼽을 향해 자라고, 배꼽은 오목하고, 안에서 문을 잠갔다.

이 문을 닫아걸고 사람은 선천(先天)의 한 마침표를 찍고 후천(後天)을 살러 왔겠지.

그리고 그는 점점 어른이 된다.

한 뼘 아래를 향해 그는 달린다.

달리는데, 어느 한 곳도 표식 같은 건 없다는 거군.

동서남북. 갓길 없음. 낙석주의. 길 없음, 돌아가시오. 낭떠러지 접근금지. 브레이크 파열주의. 구간단속. 신(神)의, 아무런 표식도 없다는 거군.

그는 전생을 돌아보지 않고 날듯이 달린다.

그리고 그는 어른이 된다.

부끄러이. 부끄럼을 향하여. 부끄러워야 한다는 치골(恥骨) 너머로.

도달에 대해서는 영영 알 수 없다, 그는 중얼거린다.

도달을 이백 번쯤 알고 난 뒤의, 그는 중얼거린다.

도달에 대해서는 무를 수 없다, 그는 중얼거린다. 중얼거리며, 그는 달린다.

도달과 미달은 왼발 오른발 같다.

무덤 하나가 들숨과 날숨을 따라 오르내린다.

무엇이든 써넣기 좋은 곳이야.

나는 나의 긴 말과 짧은 말을, 너의 짧은 말과 긴 말을 늘어놓아 본다.

신은 무엇도 소용에 닿지 않을 것이므로 여기에 아무런 표식도 하지 않았을 테지.

나는 써넣으면 쓰는 대로 이루어질까 봐, 나의, 너의 작은 배에 아무것도 적지 못한다.

병명(病名)

: 병의 이름.
알아서가 아니라 부르기 위한. 우리가 서로 부르듯이.

H는 울뚝불뚝한 장딴지가 미워 보였다. 근육 두세 가닥을 시들게 하는 치료를 받았다. 가늘어진 종아리를 드러내고 곧 복부 지방 흡입술을 받을 예정이라고 했다. 표면이 울퉁불퉁해질 가능성이 있지만 줄어든 배 둘레를 뽐낼 수 있다.

G는 밋밋한 허리선이 싫었다. 제일 아래쪽 늑골 하나씩을 절제했다. 허리가 잘록해졌다. 각진 턱 선이 시류에 부응하지 못했으므로 치아를 뽑고 턱뼈를 깎았다.

갸름하다는 것은 시대의 표준이다.

F는 반에서 항상 앞줄에 앉았다. 성장촉진 호르몬제를 투여했다.

E는 키가 자라는 게 눈에 보일 정도여서 가슴에 멍울이 생길 무렵 성장 억제제를 투여했다.

표준은 정상과 같은 말이다.

D는 네 시간 수면도 억울했다. 주위 사물이 멀어지는 때가 종종 찾아왔지만 비타민 비원과 씨와 간장약과 철분제와 신경안정제가 그를 호위했다.

입시는 무엇에든 우선한다.

B는 생리통이 심했다. 혹이 발견되었다. 출산을 또 할 것도 아니니 간단하게 자궁을 적출하자는 진단을 받았다.

원인 제거는 중요하다.

성교의 즐거움을 위해 자궁 목 일부는 남겨 두는 배려를 해 준다고 했다.

즐거움은 중요하다.

A는 낡은 얼굴이 보기 싫었다. 박피를 했다. 가면을 벗기듯 한 겹씩 벗겨낼 수 있는 피부가 있다는 건 다행이다.

그는 점점 투명해질 것이다.

대퇴골에 인공뼈를 삽입하면 키가 커진다. 다치지 않은 뼈도 자르고 잇대어 늘일 수 있다.

젊은 사람의 피를 수혈하면 젊어진다고 의료진과 과학자들이 발표했다. 젊음과 늙음의 기준이 고혈압 수치처럼 발표될 것이다.

예쁜 장기 성형에 대해서는 아직 공개된 바 없으나 인간과 3D 프린터가 할 수 있는 일은 많다.

말기(末期)

: 일의 끝이 되는 때.
일은 끝날 때를 아는데 사람은 모른다.

오늘 새벽잠은 어떠하였습니까.

갠 날의 맑은 바람 부는 머리맡이었습니까.

촐촐히 빗소리가 들리는 창밖이었습니까.

평안하십니까. 편치 않음을 알고도 묻는 인사라, 내 말이 텅 빈 허물처럼 입술에 얹힙니다.

매미 허물은 흙에서 파낸 비닐 조각 같습니다. 갈고리 같은 발가락 하나하나 고집스레 다 지니고 있습니다. 발에서 발을 꺼내고 눈에서 눈을 떼어내는 시간을 나는 짐작도 못하겠습니다. 존재를 증명하는 잔재 앞에서 나는 말을 잃습니다. 이대로 흔적 없이 사라지고 싶다고, 나는 몇 번이나 바랐던가요. 흔적까지가 나라는 이 비참.

어제 꿈자리는 어떠하였습니까. 머리는 맑습니까. 뱃속은 적당히 허허로운지. 떠오르는 음식냄새가 있습니까. 듣고 싶은 음악은요. 걸을 수 있다면, 오늘 산책하고픈 길은 어딥니까.

어제치의 통증이 빠져나가고 오늘치의 통증이 닥치기 전에.

나와 말의 산보를 하겠습니까? 귀가 흐려지기 전까지 내 이야기를 듣겠습니까?

뒤통수에 총 맞는 꿈을 꾸었습니다. 뻥 뚫린 구멍이 다 보였습니다. 피가 앞으로 쏟아졌습니다.

사흘 전 꿈엔 한 아름이나 되는 흰 꽃숭어리를 꺾어 들었습니다.

아무 일도 일어나지 않았습니다. 길흉이란, 없습니다.

두꺼운 소설책을 읽었습니다. 자주 당신 생각을 했습니다. 한 바닥씩 읽어 주어야겠다 생각했습니다. 어제 그 생각을 접었습니다. 사랑은 보란 듯이 끝나고, 그는 당연한 듯 남아, 예기치 않게 죽었습니다. 등장한 것들 모두 퇴장했습니다.

다 아는 이야깁니다.

다 알지만, 당신도 나도, 썩 괜찮은 날들이었습니다.

머릿속 안개가 느리게 걷히는 아침입니다.

똑바로 누워 어제와 오늘을 구분합니다. 몸의 감각을 체크합니다. 모래시계의 모래는 비워 버렸습니다. 시간을 확인하고, 나는 알약처럼 당신을 복용합니다.

오심(惡心) 애도(哀悼) 안검(眼瞼)

이 긴 순간

오심(惡心)

: 가슴 속이 불쾌하고 울렁거리나 토하지 못함.
몸속에 있는 마음의 이 난처(難處).

그날에 대해서라면. 그날의 욕지기에 대해서라면.

신선한 갯내와 시리게 푸른 하늘. 비로 쓸어 놓은 것 같던 구름과 뺨을 때려대던 머리칼. 옷깃을 추어올리고 걷던 둑길과 무섭도록 서걱대던 갈대밭. 매운 코끝으로 흐르던 눈물과 두개골 속까지 찡하던 한기. 정신이 번쩍 드는 것 같지? 치장과 군살 따위 쓸려 나가고 내 골격이 그대로 드러날 것 같던 그날, 그 바람에 대해서라면.

차 문을 닫자 왈칵 안기던 온기와 고요. 굴속으로 숨어든 짐승이 느끼는 평화. 앞유리로 쏟아지던 햇살. 멀리 일렁이던 바다. 그리고 그 폭격에 대해서라면. 네가 쏟아 놓던 사실과 사실과 사실, 들에 대해서라면. 퍼붓던 화살, 쏟아 붓던 총알에 대해서라면. 간결하고 건조한 그 문장들에 대해서라면. 너무 오래 산 것 같은 피로가 닥치기도 전에, 뱃속에서 명치에서 목구멍을 넘어다보던 그 욕지기에 대해서라면. 입 안에 괴어 오르던 침과 뒤틀리던 혀뿌리에 대해서라면.

치장과 군살 따위 쓸려 나가고 내 골격이 드러날, 따위 헛소리밖에 안 되던, 그날의 몰매에 대해서라면. 산다고 살았는데

산 날이 하루도 안 되는 것 같던 깨침에 대해서라면. 내 산전 수전의 헐값에 대해서라면. 알량한 그 포즈의 부끄러움에 대해서라면.

진동과 진정 사이에서 허둥대던 몸에 대해서라면. 배지도 않은 애를 토할 것 같던 내 배알의 경련에 대해서라면.

그 우스꽝스러움. 그 외로움에 대해서라면.

안다는 것의 불가함에 대해서라면.

욕지기가 치미는 몸뚱이 말고는 진실이랄 것 세상에 없던,

그 황량한 축복에 대해서라면.

애도(哀悼)

: 사람의 죽음을 슬퍼함.

고래의 이름은 J35. 그것은 사람들이 붙여 준 이름.

J35의 나이는 스무 살. 그것은 사람들이 세어 온 햇수.

J35는 새끼를 낳고, 새끼는 나서 삼십 분을 살다 죽었대.

그것은 사람들이 재어본 시간.

태어나자마자, 삼십 분 만에, 죽다. 그것은 사람들이 안타까워 붙여준 조사.

새끼는 죽고, 죽은 새끼는 자꾸 바다 속으로 가라앉았대.

가라앉는 새끼를 어미는 자꾸 물 위로 띄웠대.

그것은 사람들이 지켜본 행동.

스스로 비통한 마음을 달래고 죽은 새끼를 추모하기 위한 걸로 보인다 했대.

그것은 전문가들의 해석.

J35는 열이레 동안 죽은 새끼를 끌고 천 마일을 이동했대.

새끼는 열이레 동안 어미와 살다 죽었대.

인부는 땅을 고르고, 시멘트 가루를 붓고, 물을 붓고, 그 위에 벽돌을 놓았어.

수평을 맞추고 두드리고, 수평을 맞추고 두드리고, 다시 돌을 들어 물을 붓고 수평을 맞추고, 자를 푹 꽂아 높이를 맞추고, 이만하면 되었지요? 물었어.

빗돌 아래는 시멘트. 시멘트 아래는 붉은 흙. 붉은 흙 아래는 유골함.

유골함 안에는 흙을 채워야 돼요. 안 그러면 함이 삭아 내려 땅이 꺼져요.

흙을 채우고, 유골함을 묻고, 흙을 덮어 밟고, 빗돌을 얹고, 사진을 세우고, 모기가 달려들고, 손부채를 부치고, 과일과 술. 말 없는 절.

휴대폰을 꺼내고 사진을 찍고. 궁금해 할 것 같아서요.

돌아보는 거 아니래요. 그대로들 내려가요. 주춤주춤 발을 떼고.

여보, 가을을 남기고 떠난 사람, 한번 틀어 드려요. 제일 좋아한다 그랬잖아.

멈춰 선 사람들 사이로, 가을을 남기고 떠난 사람, 겨울은 아직 멀리 있는데.

그때서야, 서툴고 적막한 골짜기에 울음들이 터졌어.

안검(眼瞼)

: 눈꺼풀.
제 집이 모란처럼 붉은 줄 두 눈은 알까?

그가 아코디언을 온몸 가득 안고 있을 때는 애인을 팔에 눕힌 것 같았다.

눕혔다기보다 가슴을 다 열어 그것을 껴안은 것 같았다.

애인을 비스듬히 감싸고 허리를 받쳐 들고 두 눈을 오래 들여다보는 것 같았다. 들여다보며 말을 빼앗긴 것 같았다.

어쩔 줄 모르겠다는 눈빛으로 두 팔에 굳세고도 섬세한 힘을 줄 때, 주기 시작할 때, 들리지 않는 말을 귓속에 처음 불어넣기 시작할 때, 살아있는 애인의 팔과 어깨와 등줄기가 대답을 찾고 있는 것처럼 보였다.

응.

아니.

아니, 아니. 응. 응.

그리고 살아있는 애인이 말하기 시작할 때, 팔을 들어 그의 목을 감고 다리로 그의 허리를 휘감을 때, 그는 머리칼 한 올까지 춤춘다. 눈썹 끝까지, 구두 굽바닥까지 춤춘다. 굳세게, 뜨겁게.

아코디언은 열린다. 닫힌다. 열리고 닫힌다. 닫히고, 닫히고, 닫힌다. 힘껏 열어젖힌다. 물결친다. 박수 친다. 구두코처럼 공중에서 바닥을 딛고 휘돈다.

그가 아코디언을 안고 있을 때, 그의 팔에는 애인의 눈동자가 안긴 것 같았다.

속눈썹이 검은 눈꺼풀 하나가 안긴 것 같았다.

그는 애인의 눈꺼풀을 가슴 가득히 껴안고 손끝으로 팔뚝으로 속삭인다.

응.

그래.

그래, 그래. 응. 응.

눈꺼풀은 떨린다. 닫힌다. 열린다. 천천히, 천천히 감긴다. 눈꺼풀 끝의 속눈썹이 떨린다. 닫힌다, 깜깜하게. 화들짝 열어젖힌다.

춤춘다.

눈꺼풀 속에서 곧은 목과 흰 다리와 날렵한 등허리가 뻗어 나온다.

나는 눈을 감는다.

비익(鼻翼) 발적(發赤) 부음(訃音)

벌어지다

비익(鼻翼)

: 코끝의 좌우 양쪽 끝부분.
날아가려던 것이다, 코도. 어딘가로.

참치 콧등을 베며 그는, 이게 참치 콧구멍입니다, 한다. 이게 참치 아가미입니다, 한다.

참치는 부레가 없어요. 비늘이 있어요. 참치는 항상 달려요. 잠자면서도 달려요. 머리 껍질을 벗겨내며 그는,

보세요, 껍질 아래 비늘이 숨었어요. 잘 달리려고요. 멈추면 죽는 거예요.

나는 숨이 차다.

나는 숨이 차다.

콧방울이 잘려 나간 얼굴 위로 물살이 들이치는 것 같다.

세로로 빠개진 머리뼈 구석구석 마른 공기가 들러붙는 것 같다.

아니, 그보다도 나는 달리고, 달리고, 달리는 참치가 숨차다.

멈추면 넘어지는 자전거같이.

달리기 시작해버린, 내리막길의 자전거같이.

멈추면 무시무시한 생의 질주가 끝난다.

가속도 위에 얹힌 숨 감기는 불안이 끝난다.

시퍼렇게 얼어붙은 정수리로, 눈알로, 쇠칼이 쉴 틈 없이 박

힌다. 나는 숨이 차다.

태어나버린, 참치는 달린다. 달리는 일뿐이므로.

벌어진 사랑은. 달리는 일뿐이므로.

멈춤, 에 대하여 참치는 배운 적 있을까……

콧방울을 닫아 숨을 참고.

멈춤, 에 대하여 나는 배운 적 있을까……

둥근 양 날개를 접고 자유낙하 하는 새.

심해의, 그 공중 일점의, 낙하의 자유.

발적(發赤)

: 피부가 빨갛게 변하고 부어오름.
뜨거움. 들키기 위하여.

그는 타들어가는 담뱃불 같았습니다.

어둠 속에서 발갛게 점멸하는 알갱이들의 집합체. 성급하게 담배를 태우는 사람의 입에 물린 담뱃불 보셨나요? 종이가 질주하며 타들어가 버리고 길게 남은 불기둥. 위태하게 발가벗겨져 타고 있는 알맹이. 네. 껍질을 깐 불의 알맹이 말입니다.

불티와 불티들의 집합체. 재 되기 직전의 그것들. 불티를 그러모아 한 개비의 기둥을 세운 것이 인생이라 한다면 제법 황홀합니다만, 껍질이 벗겨진 불에 대해 나는 말하고 싶은 겁니다.

그가 목을 쓸며 가슴을 헤쳐 보일 때 나는 번들거리는 뱀의 살갗을 먼저 떠올렸으나, 붉게 타고 있었죠. 살갗은 활활 타고 있었습니다.

목에서 가슴팍까지 기다란 재가 된다면, 그의 머리는 툭 굴러 떨어질 것 같았습니다. 그의 혀가 재가 되기 전에, 그의 목소리가 재가 되기 전에, 나는 물 한 바가지를 부어야 했습니다.

실은 그보다 더 하고 싶었던 일은 껍질을 짜 불을 감싸 주는 거였지만, 불은 뜨겁고 재빨랐으며 나의 직조는 더디고 더뎠습니다.

입 하나가 그의 심장을 기갈 들린 듯, 기갈 들린 듯 빨아 당기고 있었지요. 불을 들이켜는 기갈이라니……

그는 푸시시시 잦아들었습니다.

맵고 쓴 연기가 잠시 일었습니다.

나는 껍질 벗겨진 불에 대해 말하는 겁니다. 그 알몸에 대해 말하는 겁니다.

나는 불의 껍질을 짜고 싶었습니다.

실은, 단단한 불의 알맹이를 짜 올리고 싶었습니다.

부음(訃音)

: 사람이 죽었다는 것을 알리는 말이나 글.
꽃 지고 지상에 부딪는 소리.

아버지가 돌아가셨다.

쓰고 보니 소설의 첫 문장 같네.

내가 미워한 사람이다. 죽도록.

두 번째 문장.

생전 처음 보는 형식의 부고인데요……

이럴 때는 어떤 마음이 드시는가요?

울고 있다.

죽도록 미워했던 분에 대해서도 그러하군요.

오늘 가셨나요?

오늘…… 발견했지.

하이고……

다른 사람들도 다 이렇게 버라이어티하게 사나요?

우리 사람들만 유달리 사나요?

글쎄다.

다 똑같지 않을까나.

똑같다 해도 위로가 안 되고

유다르다 하면 더 위로가 안 되는 군요.

—

고맙다.
저런 요상한 부고를 누구한테 할까.
별로 놀라지도 않고 받는 사람은 드물겠죠?
그러게.
재차 고맙다.
알고도 못 가봐서 죄송합니다.
오늘 제 집에도 건수가 있어서.
사는 게 그렇지 뭐.
버라이어티……
난 장례식 안 하면 싶어. 나 죽으면.
제가 가긴 가야 하니 대충이라도 하긴 하세요.
장례식을 안 하면 제가 어딜 가요?
니가 날 웃겨 주는구나.
마음을 어찌 추스르실라나……
추스를 정신이 있을라나……
이리저리 쓸려 한 사흘 가겠지.
밥은 그래도 좀 드시고……

제가 그 마음 어찌 헤아리겠습니까.

고맙다.

사건 해결 잘 해라.

해결이라기보다……

견디는 거죠.

연사흘 코피를 쏟던 아침이었다.

세수를 하고 핏물은 떨어지고

세수를 하고 핏물은 떨어지고

화장지를 뜯어 막고 세수를 하고

화장지는 피에도 물에도 젖었다.

피는 아래로만 흘렀다.

애써 바쁘고 열심히 무심했다.

낮은 화창하고 밤은 선득했다.

젓가락처럼 가늘고 창백한 여자가 의자에 한쪽 무릎을 세우고 부러질 듯 반도네온을 연주하던 밤이었다.

팔짱을 끼고 선 채 발을 굴리며 탱고는 서서 듣는 게 제맛이라고 말하던 밤이었다.

—

홍에 달뜬 밤이었다.

우측 전두부에 부분적 찰과상.

○월○일 20시경, 추정.

시체 검안서의 그 밤이었다.

마지막 문장.

견갑(肩胛) 장루(腸瘻) 임종(臨終)

긴긴 착륙

견갑(肩胛)

: 어깨뼈가 있는 자리.
창공을 버린 새, 사람.

왜 날개였을까?

너는 날았다고 쓴다.

너는 날았던 적 있다고 쓴다.

너는 날아가 버렸다고 쓴다.

너는 날개를 버렸다고 쓴다.

날개가 붙어 있던 죽지가 가려우면 너는 손을 뻗어 긁어 본다. 손가락 한 마디쯤이 모자란다. 너는 긁는 시늉을 해본다.

너는 손가락 한 마디를 버린 적 있다고 쓴다.

그것은 어딘가에 버려져 있을 거라고 쓴다.

너는 어깻죽지 사이 소용돌이치는 솜털 문양을 본 적이 있고,

주인은 볼 수 없는 그 소용돌이에 대해 주인에게 말해준 적이 있고,

소용돌이에 코를 박고 거기가 주인의 급소일 거라 생각한 적이 있다.

어깻죽지 사이, 너에게도 그런 급소가 있을 거라 생각한 적이 있다.

—

단도를 꽂는다면 거기.

손닿지 않아 뽑을 수 없는 곳.

태엽을 심어 감는다면 거기.

태엽이 마저 풀릴 때까지.

시간의 창에 꿰뚫린다면 거기.

두 개의 포개진 심장을 관통하여.

너는 날았다고 쓴다.

너는 날개를 버렸다고 쓴다.

웅크린 어깨뼈에 손을 얹으면, 겨우 손바닥만 하구나, 이것은.

너는 그 아래에 계단처럼 접혀 있는 날개를 상상한다.

무한 깊이로 펼쳐지는 캄캄한 날개 끝을 상상한다.

그러나 짧은 비행을 마친 종이비행기같이.

너는 날았던 적 있다고 쓴다.

너는 날아가 버렸다고 쓴다.

급소를 내어주고,

긴긴 착륙이 있다고 쓴다.

장루(腸瘻)

: 창자 안과 바깥을 연결하는 인공 샛길.
주머니를 차고 걸어가 버린 고로쇠나무에게.

변기에 앉은 채 잠시 형 생각을 하였습니다.

이런 자세로, 이렇게 적당히 아늑한 자세로, 인간은 살 수도 있겠구나…… 어쩌면 가장 위생적인 자세가 아닐는지요. 인간을 잘, 정리정돈하자면.

그냥 그런 생각이 들었습니다. 머지않은 미래에. 공간의 효율을 따져볼 때. 인간의 신체구조를 고려할 때에도.

이렇게 기역과 니은의 자세로, 먹고 자고 싸는 것도 인간의 일생일 수 있겠구나……

걷고 싶어질까요? 인간이란 동물은요? 뛰고 싶어질까요? 변기에 앉았다, 일어났다, 제자리 걷기를 하고, 뜀뛰기를 하고, 명상을 하고, 체조를 하고, 노래를 하고, 사색을 하고, 수음을 하고, 출산을 하고, 기뻐하고, 슬퍼하고……

다른 변기에 앉은 타인들과 대화를 하겠지요. 형,

오늘도 태아처럼 웅크렸던 몸을 펴고 일어나, 앉고, 서고, 펴고, 구부리고, 버스를 타고, 택시를 타고, 사무실에 앉아 오랜 시간을 보냈습니다.

이렇게 변기에 앉은 자세로,

일을 하고, 커피를 마시고, 전화를 받고, 메일을 보내고, 사과를 하고, 부탁을 하고, 어떻게 살까, 어떻게 죽을까, 딴생각을 하고, 형 생각을 했지요. 머지않은 미래에……

인간은 캡슐 하나씩을 고치처럼 장만하고 형,

이렇게 고치처럼 새하얀 변기에 앉아서, 눈을 감고, 눈을 뜨고, 약을 먹고, 나이를 먹고, 지상에, 공중에, 하얗게들 박혀 있지 않을까요?

그때도 지구에는 비가 올까요? 바람이 불까요?

사랑을 할까요?

이렇게 기역, 니은 자세로 사람은……

임종(臨終)

: 죽음에 이름.
그는 그를 버리다.

퇴근하려고 블라인드를 내리는데, 보았단 말이지.

튤립 한 송이가, 꽃잎 한 장을, 미처 못다 다문 걸.

그건, 지친 어깨 같았어. 맨살이 드러난, 피로한 어깨. 어쩌면 팔목.

인간이 스치면 상처 날 것 같은 엷은 분홍이었는데 말이지.

그 분홍이 오래가면 좋겠다는 욕심도 미안한 분홍 말이지.

해 지면 다물었다 아침이면 열었거든.

다시 저녁 무렵 튤립들이 봉긋하고 뾰족하고 완벽하게 다물리면,

산 것의 생활이랄까, 꽃의 귀가랄까, 나 같은 퇴근이랄까, 남은 밤이랄까, 어떤 안도, 어떤 기특함, 내일의 기대랄까, 그런 리듬이랄까, 가벼운 설렘이 일었단 말이지. 어떤… 애완이랄까.

그러다 보았단 말이지. 숨 멎듯.

나는 그 앞에 멈춰 섰어.

어떤 힘이, 꽃잎을, 마저 당겨 올리기를,

피곤한 팔로, 현관문을 닫듯, 저 마지막 한 장을.

—

서 있었어. 적막 속에.

새끼손가락을 뻗어 꽃잎의 밑을 살짝 들어 올려 주었다 할까, 마음은.

그랬는지도.

서 있었어. 속수무책.

되돌릴 수 없는 게 있다는 걸 처음 안 아이처럼,

그걸 시간이라 부르는 어른 된 지는 오래,

서 있었어. 다만.

어떤 찰나가 가슴을 긋고 갔고,

찰나는 엷은 분홍처럼 아슬아슬한 것이었는데 말이지.

숨을 내쉬자 가슴속이 저미듯 아팠는데 말이지.

대퇴(大腿) 열루(熱漏) 필사(必死)

않을 수 없는

대퇴(大腿)

: 넓적다리.
손을 올려놓는 곳. 때로는 사람을.

말해야 할 때가 있다.

아플 거라는 걸 알면서 하는 말.

별 소용이 없을 것을 알면서 하는 말.

시의적절과는 아무런 상관이 없는 말.

정확함이나 적확함과는 거리가 먼 말.

하지만 보았기 때문에 하게 되는 말. 알았기 때문에 하게 되어 있는 말. 가령,

새벽이야, 일어나,

같은 말.

내가 하지 않아도 되지만, 내가 하지 않을 수 없는 말. 가령,

네 다리는 서어나무 같아, 라는 말.

내가 서어나무를 알게 된 것이 언제인지 모르지만, 나는 서어라는 그 이름이 고졸하고 담담하여 마음에 잔잔한 서성임이 이는데, 부드럽게 골이 지며 미끈하게 뻗어 올라가는 그 나무의 회색 수피를 떠올릴 때마다 마음에 두어 번 출렁임이 이는데, 그건 그 단정한 기둥에서 막 생겨나고 있는, 조용히 달아나고 있는 곡선의 리듬 때문일 거야,

—

같은 말을 애써 펼쳐놓지 않아도 되는 말.

그 골을 따라 조용히 달아나고 싶다는 말.

손을 뻗어 눈길을 따라 출렁이고 싶다는 말.

리듬, 리듬, 같은 말.

그 잎새나 열매는 궁금하지 않다는 말.

뿌리는 더욱더 궁금하지 않다는 말.

눈뜬장님처럼 서어나무를 더듬고, 이건 서어나무지요, 서어나무란 이거지요, 이것 말고 무얼 더 서어나무라 할까요,

말하고 싶다는 말.

장님에게도 서어나무 숲에도 새벽이 오고,

일어나, 새벽이야,

깃든 밤이 안개처럼 걷힌다는 말.

말을 해도 안 해도 새벽은 오고, 그러나 보았기, 알았기 때문에.

너는 잠들고, 그러나 보았기, 알았기 때문에.

나는 허벅지 사이의 푸른 수풀에 대해서도 그곳의 샘에 대해서도 더는 말하지 않고.

열루(熱漏)

: 마음속 깊이 사무쳐 흐르는 뜨거운 눈물.
마음의 차고 더운 온도에 대하여.

안경알을 닦다가 보았습니다. 자디잔 물방울 마른 자국들.

안경알 안쪽이었어요. 그래서 알았죠. 눈물이, 튀어 오른다는 거.

사이다를 부은 유리잔에서 튀는 기포와 잔물방울들.

그런 게 제 눈알에서 마구 터졌다는 걸요.

그때까지 눈물은 흐르는 건 줄 알았거든요. 무거워서.

흐를 때까지는 고여야 하는 건 줄 알았거든요. 가벼워서.

흐르는 눈물을 흐르게 내버려 두면서, 사람은 속을 끄집어내 겉을 씻는 동물이구나, 생각한 적 있어요.

제 즙을 짜서 씻지 않으면 소독이 안 되는 동물인가 보구나. 어떤 독(毒)은 비누나 술로도 씻기지 않는구나.

아뇨, 술로 몸을 씻은 적은 없지만요.

한 번은 하고 싶은 일이기도 하지만요.

그럴 때 몸은 살갗에서부터 즐겁게 취할까요?

포르말린에 담긴 태아처럼 정갈하고 적막해질까요?

눈물이 끓어올랐어요. 냄비 바닥에서부터 끓어오르는 기포처럼요. 달군 프라이팬에 닿아 끓는 물방울처럼요.

아뇨, 오늘은 줄줄 새는 눈물 때문에 온 거예요.

준비되지 않았는데 흐르는 눈물이요.

바람이 얼굴을 갈겨도, 그냥 귓가를 지나기만 해도 줄줄 흘러요.

심중에 돌멩이가 물속 깊이 들어앉아 있는데요,

어느 날 파문도 없이 툭 터져 흘러요.

양치질을 하다가, 세탁기를 열다가, 숟가락을 들다가, 주르륵.

서로 다른 이야기라구요? 같은 몸인걸요?

그런데요, 눈물이 눈에서 튀어 나간다는 거, 꽤 괜찮지 않나요?

뭐랄까… 훨씬 능동적이지 않나요?

온몸이 눈알을 향해 끓어오르고, 그곳의 압력이 최대치로 솟아 나로부터 내 눈물이 튀어 나간다는 거!

어떤, 높이뛰기 같지 않나요?

필사(必死)

: 죽을힘을 다함.
반드시 죽는다.

고라니가 앉아 있다. 오르막 사차선 한복판.

전조등 불빛이 휘어지며 비껴간다.

고라니는 오 분 전부터였다는 듯, 한 시간 전부터였다는 듯, 제 숨을 있는 대로 끌어 모아 앞발을 짚고 몸을 끌고, 앞발을 짚고 몸을 끌고, 그러나 몸은 여전히 제자리고, 다시 앞발을 뻗고 엉덩이를 끌고, 앞발을 뻗고 엉덩이를 끌고, 그러나 엉덩이도 뒷다리도 보이지는 않고.

1이 말한다. 어떡해……

2가 말한다. 어쩌지?

3이 말한다. 재수 없어.

야생동물 구조단체 검색해 볼까? 전화하게? 우리 동네에 그런 게 있을까? 보호센터가 대학교에 있다는데? 밤인데 받을까? 아직 살아있을까?

당직 연구원이 전화를 받는다. 야생동물을 보호하지만 구조하진 않는다고 한다. 어디서 보았냐고 묻는다. 시청에서 구조대를 파견한다고, 자기처럼 당직이 있을 거라고 한다.

나는 놀란다. 있을 곳에 있는 사람들이 있다. 친절하기까지

———

한.

당직 공무원이 전화를 받는다. 어디서 보았냐고 묻는다. 구조대가 갈 거라고 한다. 재차 삼차 묻는다. 위치 확인 차 다시 전화할 수 있다고 한다.

나는 놀라며 안도한다. 있어야 할 것이 과연 있다. 썩은 줄 알았는데.

그 밤에 고라니는 죽었다, 살았다, 길을 건넜다.

구조대가 도착하기 전까지 길을 건너지 말기를.

두 번 치이기 전에 그 길을 건너기를. 나는 갈팡질팡 바랐다.

한 번에 일 센티씩. 고라니가 간다.

가지 않을 수 없는 거다.

망진(望診) 문진(問診) 절진(切診)

우리는 개입한다

망진(望診)

: 얼굴빛, 눈, 코, 혀 등을 살펴 병을 진단함.
바라본다는 것. 바라, 본다는 것. 우리 서로 무엇을 바라.

당신은 나를 봅니다.
당신은 눈이 둘입니다. 콧날이 길고.
도톰하고 건조한 입술이 있습니다.
머리칼에 가려진 이마가 넓군요.
피부가 얇고 얼굴은 혈색이 모자라는 황색입니다.
당신이 웃을 때 활짝 드러나는 잇몸은 연한 붉은색.
치아가 고르게 박혀 있습니다.
당신은 나를 보지 않습니다.
딴 곳을 보다가 시선을 떨어뜨립니다.
탁자를 사이에 둔 거리는 가깝고, 멉니다.
숨기에도 들키기에도 적당한 거리이기도 합니다.
나는 지금 들키기보다 숨어 있는 쪽입니다.
당신은 자꾸 들키고 있습니다.
당신이 숨었다고 생각하지만 어쩔 수 없이 들키는 중인지,
숨은 자리에서 자신을 하나씩 꺼내 보이는 중인지,
잘 모르겠습니다.
어쩌면 당신을 보는 나를 당신에게 들키고 있는지도.

의도한 바라면, 당신은 성공하고 있습니다.

나는 당신을 봅니다.

조금 전 당신의 잇새가 들뜬 걸 보았습니다.

다문 입술에는 거의 나아가는 물집의 흔적이 있습니다.

뺨과 턱의 피부가 까칠합니다.

홍조가 살짝 비치다 식습니다.

다시 마주친 당신의 눈동자는 갈색이고, 흰자위가 탁합니다.

눈 아래 연한 그늘이 내렸습니다.

얇은 손톱에는 세로줄무늬가 있고,

당신은 입을 훔치고,

이마의 땀을 닦고,

두 눈동자만이 떨리는 생기로 분주합니다.

문진(問診)

: 의사가 환자에게 병에 대하여 물음.
병은 나보다 정확하다.

어디가 불편하신가요?

얼마나 오래되셨나요?

전에도 이런 적이 있으셨나요?

증상을 터놓은 이가 있으신가요?

얼마나 아프신가요?

어떨 때 심해지시나요?

그럴 때 어떻게 하시나요?

자주 긴장하시나요?

마지막으로 화를 낸 게 언제인가요?

가장 좋아하는 시간은 언제인가요?

자주 찾아가는 공간은 어디인가요?

무엇이 당신께 힘이 되어 주나요?

이 상태가 지속될 거라 믿으시나요?

자신이 어떻게 되기를 바라시나요?

제가 당신께 어떤 사람이길 바라시나요?

절진(切診)

: 환자의 몸을 손으로 만져서 진단하는 일.
 눈먼 두 사람은.

안개가 공중을 가득 메운 밤이다.

가로등 불빛에 반사된 입자들이 얼굴에 손등에 달라붙는다.

너는 악수를 하고, 나는 악수를 하고, 우리는 악수를 하고,

희미한 어깨, 희미한 얼굴, 희미한 눈웃음.

희미한 안개 속을 목소리, 목소리만 떠다니는 밤이다.

우리는 부드럽고 말랑하고 악의 없는 손바닥으로 기꺼이,

그러나 무언중에 합의된 악력을 유지하며 조심스럽게,

우리는 손을 맞잡고, 우리는 손을 흔들고.

손바닥의 온기가 안개에 포위된 채 떠 있는 밤이다.

너는, 나는, 잠시 각자의 심장을 손바닥으로 옮겨왔지.

미세한 박동이 두 개의 심장에 나눠지지.

맥은 뛰고 있음.

매끄럽고 부드러운 활맥임.

맥은 점점 빠르게 뛰고 있음.

들뜨고 촘촘한 삭맥임.

볼록한 물고기 배 같은 손바닥으로 우리는 서로의 지느러미를 감싸고.

무언중에 합의된 시간과 악력으로 우리는 서로의 손가락을 풀어 주고.

그때 너는 쥐었던 네 손을,

나는 쥐었던 내 손을 놓아 주고.

안개가 흐르는 물속에서 물고기 두 마리가 헤어진다.

부빈 배를 거두며.

각자의 심장을 제자리로 가져간다.

해설

모든 상처는 내상(內傷)이다

고봉준(문학평론가)

어떤 말들은 낯선 방식으로 발화된다. 가령 '당신'이 있어야 할 곳에 '꽃'이라는 기호가 놓이고, 동물이 아닌 밤하늘의 '별'에서 '머리칼'이 발견되는 경우 등이 그렇다. 또한 하나의 문장이 분절되어 두 행에 걸쳐 배열되었을 때, 의도적으로 만들어진 비문(非文)이나 동음이의어를 사용해 의미를 불확정으로 만든 문장과 대면할 때, 우리는 잠시 당황한다. 만일 이 낯선 발화 방식을 '시(詩)'라고 말한다면, 시적 진술은 말이 일상적 언어기호처럼 소비되지 않도록 고안된 낯선 발화법이라고 말할 수 있을 것이다. 이 낯선 발화법의 대부분은 일상적인 속도와 방식, 그러니까 신문기사를 읽거나 대화를 주고받는 방식으로 읽을 수 없다. 그것은 우리에게 두 번 이상의 읽기, 즉 반복적인 읽기를 요구한다. 문저온의 시편들이 그러하다. 다만 이 시집에 수록된 작품들은 일반적인 방식이 아닌 특이한 방식의 반복적 읽기를 요구하고 있다. 이는 문저온의 시들이 두 번 말하는 방식으로 발화되기 때문이다. 이 문제에 대해 조금 더 자세하게 살펴보자.

이 시집의 '목차'에는 '프롤로그'를 제외하고 14개의 제목이 인쇄되어 있다. 그런데 이것들은 '제목'이면서 동시에 '제목'이라고 단정하기 어렵다. 내용을 보이거나 대표하기 위하여 붙이는 이름이라는 사전적 의미를 고려하면 제목에는 항상 일정한 내용이 뒤따르기 마련이다. 그런데 시집을 펼쳐보면 확인되듯이 이 제목들에는 또 다른 제목들(과 그것에 딸린 내용)이 있을 뿐, 우리가 예상하는 '내용'이 없다. 가령 목차에 인쇄된 첫 번째 작품의 제목은 「아마 나는, 어쩌면 너는」이다. 그런데 해당 페이지를 펼치면 거기에는 '내용'이 아니라 「서혜(鼠蹊)」, 「울기(鬱氣)」, 「삽(插)」이라는 또 다른 제목들과 그것들이 대표하고 있는 내용이 있다. 그렇다면 목차에 인쇄된 '제목'을 '제목'이 아니라고 말해야 할까? 그렇게 말할 수도 없다. 제목이 인쇄된 '목차'에 배치된 것을 제목이 아니라고 주장할 타당한 근거는 없기 때문이다. 물론 「아마 나는, 어쩌면 너는」을 제목으로 이해하고, 그것에 뒤따르는 일체의 것들을 이른바 '내용'으로 간주할 수도 있다. 이러한 접근이 제목과 내용 문제에 대한 손쉬운 해결책일 수는 있지만, 거기에서 우리가 얻을 것이 없다.

이처럼 문저온의 이 시집은 14편의 작품으로 구성되었다고 말할 수 있지만, 읽기에 따라서는 각 작품이 거느리고 있는 3편의 작품들의 합, 즉 42편의 작품으로 구성되었다고 주장할 수도 있다. 이러한 독법의 혼란은 의도의 산물처럼 보인다. 시인은 '프롤로그'에서 "가슴을 쪼개 보이며 그가 말했다. 내 마음엔 부자(附子)가 들었으니 차게 식혀 드세요."라고 말하고 있다. 이는 시집을 구성하는 방식, 따라서 읽는 방식에 대한 제안, 즉 사용법처럼 읽힌다. 가슴속에 부자(附子)가 들어 있다는 공간적 비유, 그리고 '약'인 동시에 '독'인 부자(附子)라는 진술은 이 시집이 다층적으로 구성되어 있음을 암시한 것으로 이해될 수 있다. 또한 그것은 부자(附子), 즉 작품들을 '약'으로 사용하라는 주문이기도 하다. 그런데 '약'과 '독'이 본질적으로 구분되지 않듯이 이 시집 역시 14편으로 읽는 방법과 42편으로 읽는 방법 모두에 열려 있다. 그럼에도 불구하고 14개의 메타 표제가 존재하는 한 이 시집을 42편의 개별 작품으로 읽는 사람은 드물 듯하다. 요컨대 중층적인 건축이라고 말할 수 있는 이 시집은 우리에게 두 번 이상의 반복적인 읽기를 요구하고 있는 셈이다. 한 번은 42편의 개별 작품으로 간주하면서 읽어야 하고, 또 한 번은 14편의 작품으로 읽어야 하는 것이다. 문저온의 시에서 시적인 순간은 바로 이 두 번의 반복된 읽기에서 발견되는 '사이' 세계에서 시작된다.

문저온 시인은 한의사이다. 이 시집에 수록된 작품은 '처방전'이라는 제목으로 문예지에 연재된 적이 있다. 시인과 한의사, 아니 시인이면서 한의사인 사람의 말, 두 세계 모두이면서 두 세계 어디로도 환원되지 않는 발화, 그것이 『치병소요록治病逍遙錄』의 근본적 성격이다. 원칙적으로 시인의 삶이나 이력을 아는 것과 작품을 읽는 것은 별개이지만, 때로는 시인의 삶에 대한 이야기가 그 어떤 유력한 해석보다 적절한 읽기 방법을 제시하기도 한다. 문저온의 경우가 그렇다. 우리는 이 시집에 등장하는 낯선 한자 제목과 병명(病名)이 어디에서 기원한 것인지를 추측할 수 있다. 또한 이 '처방전'에 등장하는 환자가 '몸'만이 아니라 '마음'이 아픈 사람까지 포함한다는 것도 짐작할 수 있다. 질병의 세계에서 '몸'과 '마음'은 별개의 실체가 아니기 때문이다. 실제로 이 시집에서 가장 두드러지는 것은 '몸'과 '말'에 대한 감각인데, 이는 '한의사'와 '시인'이라는 두 종류의 삶이 융합되어 만들어진 것이다. 다만, '한의사'라는 직업과 환자를 진료한 경험에도 불구하고 여기에 수록된 작품들은 의학적인 진료 기록이 아니라 '시(詩)'로 읽혀야 한다. 따라서 이것은 '질병'에 관한 이야기가 아니라 '사람'에 관한 이야기이며, '환자'에 대한 객관적인 관찰이 아니라 '질병'과 '몸'을 매개로 인간 실존의 내면적 세계와 관계에 대한 시인의 고백으로 읽어야 한다. '질병'과 '몸'을 단순한 직업적 소재로 제시하지 않는다는 것, 그리하여 '한의사'와 '시인', '몸'과 '말'의 경계를 넘나들면서 인간의 삶과 실존에 대한 사유를 펼쳐 보이는 것, 문저온 시의 힘과 매력은 정확히 여기에 있다.

뒤돌아볼 때 그는 슬픈 표정을 지었다.

그는 슬프지 않다. 다만 일그러진다, 슬프게.

앉은 채 왼쪽을 보아 달라고 하자 슬프게 어깨를 틀려 한다. 오른쪽을 보아 달라고 하자 다시 슬프게. 꺾이지 않는 목을 버티느라 등과 가슴이 뻣뻣해진다. 눈동자만 힘껏 돌아가다 되돌아온다.

나는 첫 문장을 수정하기로 한다.

뒤돌아볼 때 그는 아픈 표정을 지었다.

그리고 표정은 마음에서 온다는 간명한 생각에 붉은 줄을 긋는다

그는 아프고, 지금 그의 세계는 정면뿐이다.

척추를 세우고 그 위에 얹은 머리가 점점 커다래져서 어느 아침 목을 꼼짝달싹할 수 없게 된 해바라기처럼.

나사를 좀 풀어주시든지, 머리를 가져가시든지, 부탁이에요.

해바라기가 말한다.

머리라면 제게도 있는 걸요.

나는 그의 목과 어깨에 박힌 나사를 풀어준다.

오른쪽, 왼쪽, 남은 슬픔을 확인하듯 해바라기가 천천히 고개를 돌린다.

그러나, 돌아본다는 것은 가능한 것일까?

어안(魚眼) 대신 우리는 가느다란 목을 가졌지만,

뒤란, 보이는 것일까?

긴긴 뒤를 데리고 걷는 사람, 우리는. 걸으면서 뒤를 낳는 사람, 우리는. 낳다가 멈춰서 잠시 돌아볼 때, 뒤란, 보이는 것일까? 등에 붙어 나와 함께 돌아보는 나의 뒤라는 것은?

나는 등 뒤로 돌아가 드는 칼로 내 등에 붙은 뒤를 발라낸다. 거죽을 발라내고 기름을 걷어내고 힘줄을 덜어내고 기기긱 칼끝이 뼈에 닿는 소리를 낼 때, 거기 세로로 박혀 있는 1미터 60센티의 나사못 한 개.

나는 첫 문장을 다시 수정한다.

뒤돌아보려 했으므로 인간은 슬픈 표정을 지었다.

불가항력을 맞이하는 표정이 우리의 얼굴을 덮친다.

—「항강(項强)」 전문

이 시는 '돌아보다'라는 제목에 포함된 작품들 가운데 하나이다. 표제인 항강(項强)은 목 뒤가 뻣뻣하고 아파 잘 돌리지 못하는 증상을 가리키는 한의학 용어이다. 하지만 이렇게 이야기하는 것은 의학적 설명일 뿐 시적 진술은 아니다. 시인이 표제 아래에 두 개의 진술—목 뒤가 뻣뻣하고 아파 잘 돌리지 못함. 어떤 것은 항상 내 뒤에 있다.—을 나란하게 적어놓은 이유도 이 때문이다. 그것은 항강(項强)에 관한 이들 두 맥락이 교차하거나 첫 번째의 의학적 맥락이 두 번째의 실존적 맥락으로 도약하는 지점에서 시가 성립된다는 것을 알려주는 방향지시등 같은 것이다. 문저온에게 시는 이들 두 맥락 사이에서, 질병에 관한 이야기가 의학적 진술에 머물지 않고 인간적 삶의 영역과 내면 문제로 전이되는 지점에서 시작된다. 그러므로 표제 아래에 적힌 두 개의 진술은 항강(項强)을 단순한 의학적 담론으로 읽지 말라는 요구이기도 하다. 이 시에서 슬프지 않으면서도 뒤돌아볼 때 슬픈 표정을 짓는 '그'의 정체는 환자이다. 화자 '나'는 '그'에게 "앉은 채 왼쪽을 보아 달라고" 요구하고, 내 지시를 받은 '그'는 "꺾이지 않는 목을 버티느라 등과 가슴이 뻣뻣해"짐을 느낀다. 의사인 '나'는 그의 고통을 덜어주기 위해 "그의 목과 어깨에 박힌 나사를 풀어"준다. 여기까지는 항강 증세로 고통을 받는 환자를 진료한 경험에 대한 사실적, 또는 비유적 진술이다. 그런데 다음 순간 '나'의 진술은 의학적 층위를 벗어나 존재론적 층위로 비약한다. "그러나, 돌아본다는 것은 가능한 것일까?"라는 진술이 그것이다. 여기에서 '돌아본다'는 것은 고개를 돌려 등 뒤의 공간을 바라본다는 일차원적 의미가 아니다. "뒤란, 보이는 것일까?"라는 물음에서 암시되듯이 그것은 인간의 삶에서 뒤, 즉 과거의 시간과 삶의 궤적을 돌아본다는 것이 어떤 의미이고 그것이 현실적으로 가능한가에 대한 질문이다. 이 질문으로 인해 시인의 진술은 다시 "뒤돌아보려 했으므로 인간은 슬픈 표정을 지었다."라는 수준으로 되돌아간다. 요컨대 '그'에 관한 '나'의 진술은 (1)"뒤돌아볼 때 그는 슬픈 표정을 지었다."에서 시작되어 (2)"뒤돌아볼 때 그는 아픈 표정을 지었다."를 거쳐 (3)"뒤돌아보려 했으므로 인간은 슬픈 표정을 지었다."로 거듭 수정된다. (1)에 대한 (2)의 수정이 의학적 진술의 층위에서 행해진 것이라면, (2)에 대한 (3)의 수정은 실존적·존재론적 층위에서 행해진 것이다. 이러한 수정을 통해 시인은 물리적 고통의 문제를 인간 실존과 유한성의 문제로 재해석한다. 한의사가 '몸'과 '마음'의 문제에 집중하는 존재라면, 시인은 '몸'과 '마음'의 문제를 내면과 실존의 문제로 변주하는 존재이다. 이 지점에서 병리적 증상은 인간 존재에 대한 새로운 시적 발화로 전유될 가능성을 획득한다.

재첩 같다.

아이는 열 손가락 끝에 재첩 껍데기를 얹고 물에서 걸어 나온 사람 같다. 차륵거리는 물살과 흰 모래알.

이 연하고도 단단한 살갗 아래는 물결이 찰박이는 강이에요.

아이는 얼마만큼 자라면 발견하게 될까.

제 손에 얹힌 작은 조가비들을.

그리고 얼마만큼 자라면 알게 될까.

끝없이 길어나는 제 촉수들이 매나 고양이의 발톱과 같다는 걸.

그리고 무언가를 할퀴게 될까. 감추게 될까.

둥글려 깎아 저의 동물을 숨기게 될까.

제가 저를 뜯어먹는다는 건 비유가 아니라고,

내 앞에 앉은 아이는 말한다. 입을 꾹 다물고.

눈길을 피하며 이따금 수줍은 미소를 머금고,

너덜너덜 피 맺힌 열 손가락을 보여준다. 슬그머니 가져간다.

발톱도 이래요. 엄마가 말한다. 틈만 나면 이래요.

틈만 나면 아이는 제 무엇을 죽이는 걸까.

가장 동물다운 방식으로, 무엇 대신 저를 물어뜯고 있는 걸까.

입과, 손과, 발. 우리는 이것뿐, 실은 더 무엇일까.

—「조갑(爪甲)」 부분

문저온 시에 등장하는 사람들은 모두 아픈 존재이다. 그들은 “보이고 싶은 곳이 있는 사람”(「서혜(鼠蹊)」)이거나 보여주지 않아도 아픈 곳이 저절로 드러나는 사람들이다. “서혜(鼠

蹊). 저 이상한 이름이 붙은 곳"(「서혜(鼠蹊)」)이 아픈 사람, "8킬로가 빠졌어요. 한 번에. 45가…안 됐어요."(「울기(鬱氣)」)라고 울먹이는 사람, "뻣뻣하게 돌아가는 손목"(「경련(痙攣)」)을 부여 쥐고 찾아온 사람, "불면과 다몽"(「다몽(多夢)」) 때문에 고통 받는 사람, "팔이 빠지고 턱이 빠지"(「하악(下顎)」)는 증상을 앓고 있는 사람, "속이 얼비치는 물주머니 두 개"(「부종(浮腫)」)를 눈두덩이에 달고 있는 사람……, 문저온의 시는 몸과 마음에 상처를 지닌 존재들을 한자리에 모아놓은 환자명부 또는 병리학 교과서를 연상시킨다. 그런데 이들 가운데는 몸보다 '마음'이 더 아픈, 그리하여 마음의 질병이 '몸'의 증상으로 나타나는 인물들도 있다. 「조갑(爪甲)」에 등장하는 '아이'가 그렇다. 일찍이 니체는 자신을 문명이라는 질병을 치유하는 '철학적 의사'라고 표현한 적이 있는데, 같은 맥락에서 시인 또한 사람들의 몸과 마음을 치유하는 '문학적 의사'라고 말할 수 있다.

조갑(爪甲)은 '손톱과 발톱'을 가리키는 말이다. 어느 날 한 아이가 병원을 찾아왔다. 아이는 '나'에게 "너덜너덜 피 맺힌 열 손가락"을 내보이는데, 아이 엄마에 따르면 '발톱'도 똑같은 상황이라고 설명한다. 화자는 아이의 상태를 보고 생각에 잠긴다. "아이는 제 무엇을 죽이는 걸까.", "무엇 대신 저를 물어뜯고 있는 걸까."라는 생각이 들기도 하고, "물어뜯어도 아프지 않은 데가 네 몸에 있어서 다행이야."라는 생각도 든다.

아이는 왜 손톱, 발톱을 물어뜯을까? 이 질문에 대한 의학적 대답은 여기에서 중요하지 않다. 중요한 것은 아이의 행동을 본 화자의 내적 반응, 그러니까 "네가 네 입속으로 들어가 버리는 것보단, 네가 네 손발을 먹어서 다행이야."라고 생각하는 화자의 내면 상태이다. 한의사이자 시인인 화자는 자기 앞에 앉아 있는 '아이'를 환자로, 그리하여 의학적 관점에서 치유해야 할 대상으로 여기지 않는다. 문저온 시의 특징은 바로 이것, 그러니까 사람의 신체나 시적 대상에 대한 개성적인 시선과 함께 타인에 대한 사려 깊은 태도에 있다. 예를 들면 시인은 '어깨'를 '동그란 곳', "둥글고 팽팽"한 '벼랑'이라고 인식하면서 그것을 "어떤 안도감. 둥근 알을 볼 때의 온전함. 둥근 알을 만질 때의 평온함."(「서혜(鼠蹊)」)과 연결시킨다. 또한 그는 '슬와(膝窩)', 즉 무릎 뒤쪽의 오목한 부분을 "접었던 선을 펼친 비무장지대. 연하고 고요한 곳."(「슬와(膝窩)」)으로 간주함으로써 그 '오목한 구덩이'를 '나의 비밀', "내 몸의 응달. 나의 사각지대."로 형상화한다. 이러한 신체적 상상력은 요안(腰眼), 즉 허리 뒤쪽의 양옆 우묵하게 들어간 부분을 "허리에 달린 보조개 같은 두 눈."(「요안(腰眼)」)이라고 표현하고, 하악(下顎), 즉 아래턱이 빠지는 증상에서 "궤도를 이탈하는 인간"과 "마디마디 뼈들의 엉성한 집합체"(「하악(下顎)」)로서의 인간이라는 새로운 인식을 이끌어내는 장면들에서 동일하게 목격된다. 그럼에도 불구하고 이러한 상상력보다 돋보이는 것이 바로 타인, 즉 대상에 대한 시인의 태도이다.

안개가 공중을 가득 메운 밤이다.
가로등 불빛에 반사된 입자들이 얼굴에 손등에 달라붙는다.
너는 악수를 하고, 나는 악수를 하고, 우리는 악수를 하고,
희미한 어깨, 희미한 얼굴, 희미한 눈웃음.
희미한 안개 속을 목소리, 목소리만 떠다니는 밤이다.
우리는 부드럽고 말랑하고 악의 없는 손바닥으로 기꺼이,
그러나 무언중에 합의된 악력을 유지하며 조심스럽게,
우리는 손을 맞잡고, 우리는 손을 흔들고.
손바닥의 온기가 안개에 포위된 채 떠 있는 밤이다.
너는, 나는, 잠시 각자의 심장을 손바닥에 옮겨왔지.
미세한 박동이 두 개의 심장에 나눠지지.
맥은 뛰고 있음.
매끄럽고 부드러운 활맥임.
맥은 점점 빠르게 뛰고 있음.
들뜨고 촘촘한 삭맥임.
볼록한 물고기 배 같은 손바닥으로 우리는 서로의 지느러미를 감싸고.

무언중에 합의된 시간과 악력으로 우리는 서로의 손가락을 풀어 주고.

그때 너는 쥐었던 네 손을,

나는 쥐었던 내 손을 놓아 주고.

안개가 흐르는 물속에서 물고기 두 마리가 헤어진다.

부빈 배를 거두며.

각자의 심장을 제자리로 가져간다.

—「절진(切診)」 전문

이 시집의 맨 끝에는 '우리는 개입한다'라는 표제 하에 세 편의 시가 배치되어 있다. '얼굴빛, 눈, 코, 혀 등을 살펴 병을 진단함'을 뜻하는 「망진(望診)」, '의사가 환자에게 병에 대하여 물음'을 뜻하는 「문진(問診)」, '환자의 몸을 손으로 만져서 진단하는 일'을 뜻하는 「절진(切診)」이 그것들이다. 그런데 '우리는 개입한다'라는 제목은 조금 이상하다. 만일 이것들이 환자에 대한 의사의 행위, 즉 의료행위를 의미한다면 개입의 주체는 '우리'라는 복수형이 아니라 '나'가 되어야 하는 것이 아닐까? 의사가 환자의 질병에 '개입'한다고 표현하는 것은 이상하지 않지만, 환자가 의사의 진료에 '개입'한다는 표현은 성립되기 어렵지 않은가? 그런데 시집 전체를 읽어보면 문저온의 시에서 화자 '나'와 상대인 '당신(또는 그)'의 관계는 일방적이지 않다. 가령 첫 번째 시 '아마 나는, 어쩌면 너는'에 포함되어 있는 「서혜(鼠蹊)」를 보자. 이 시에서 시인은 '나'와 '그'의 관계를 이렇게 진술한다. "그는 거기를 보이고 싶어 한다./그는 보이고 싶은 곳이 있는 사람이다. 그는 거기를 보는 나를 보고 싶어 하는 사람이다. 그는 거기를 보이는 저를 보고 싶어 하는 사람이다."(「서혜(鼠蹊)」) 이 관계는 일방향적이지 않고, 심지어 단순하지도 않다. 여기에서 '나'와 '그'의 관계는 의사와 환자의 관계일 때조차 미셸 푸코가 비판한 의학적·권력적 관계가 아니라 심리적·내면적 관계이다. 마찬가지로 '우리는 개입한다'에서 '개입(介入)'이란 바라보고, 묻고, 만지는 일체의 행동이 상호적이라는 의미이다. 예컨대 "나는 지금 들키기보다 숨어 있는 쪽입니다./당신은 자꾸 들키고 있습니다./당신이 숨었다고 생각하지만 어쩔 수 없이 들키는 중인지,/숨은 자리에서 자신을 하나씩 꺼내 보이는 중인지,/잘 모르겠습니다."(「망진(望診)」)에서 시선의 주체는 결코 하나가 아니다. 문법의 환상을 걷어내고 보면 인간에 대한 인간의 행동은 그것이 무엇이든 일방향적일 수 없다.

절진(切診)은 환자의 신체를 만져서 진단하는 일을 의미한다. 시인은 이러한 신체적 관계 상황을 "안개가 공중을 가득 메운 밤"으로 표현한다. 이 '밤' 속에 두 사람, 즉 '나'와 '너'가 있다. '밤'과 '안개'의 결합은 이들에게서 시각적 능력을 빼앗아간다. "희미한 어깨, 희미한 얼굴, 희미한 눈웃음./희미한 안개 속을 목소리, 목소리만 떠다니는 밤이다."라는 진술은 이렇게 성립된다. '밤'의 어둠 속에서 시각 능력을 상실했을 때, 인간에게는 '청각'과 '촉각'만이 남게 된다. 이 시에서 '나'와 '너' 역시 이것들에 의지하여 관계를 유지하고 있다. "우리는 손을 맞잡고, 우리는 손을 흔들고./손바닥의 온기가 안개에 포위된 채 떠 있는 밤이다."라는 진술은 이들이 처한 상황을 단적으로 보여준다. 그런데 시인은 이 촉각에 근거한 관계를 '심장'의 관계로 변주한다. "각자의 심장을 손바닥으로 옮겨왔"다는 진술이 그것. 절진 또는 촉진이 '손'과 '손'의 만남임을 생각하면, 두 손의 만남을 두 심장의 만남으로 해석하는 것은 자연스러워 보인다. 두 손의 관계, 그리고 두 심장의 만남은 일정한 시간이 흐른 뒤 중단될 수밖에 없다. 이 단절을 통해 "안개가 흐르는 물속에서 물고기 두 마리가 헤어"지고, 두 사람은 "각자의 심장을 제자리로 가져"간다. 이처럼 환자와의 관계를 두 신체, 아니 두 심장의 이어짐으로 형상화하는 감각으로 인해 이 시집의 진술들은 시(詩)가 된다.

나는 고인을 알지 못한다.

고인은 고인이어서 알 방법이 없다.

영원히 나는 고인을 알지 못한다.

나는 고인을 만나러 장례식장에 가지 않는다.

남겨진 사람들로 묶여 나는 유족과 절하고 처음이자 마지막일 인사를 나눈다. 고인의 이야기를 듣는다. 고인의 이름을 읽는다.

고인의 이야기는 덜어지거나 더해지면서 간략한 서사로 완성된다. 서사는 부피와 양을 가진다. 병력과 임종과 발인과 장지와 유족과……

그 깊이와 빛깔에 대해서는 잘 알 수 없다.

(…중략…)

나는 고인을 알지 못한다.

내가 아는 고인은 안다고 하기엔 너무도 미미하고, 그러나 그 먼지들을 모아서 나는 영정 앞에 절한다. 인연의 끈을 재는 줄자가 빈소에는 없다. 때로 고인보다 고인을 잃은 이가 안쓰러워서, 우리는 미미한 먼지처럼 있어본다. 내가 잃을 사람과 나를 잃을 사람을 몰래 생각해본다. 나를 잃은 이 앞에 어쩌면 이들은 먼지처럼 있어줄 것이다.

그리고 어느 날, 나는 고인을 알지 못한다.

고인은 내가 아는 고인과 비슷한 사람이다. 나만 아는 고인은 영정 속 고인과 다른 사람이다. 세상의 목록에는 없는 나의 고인이 나를 모르는 얼굴로 웃고 있다.

그리고 어느 날, 나는 고인을 알지 못한다.

영정 속 고인은 이미 오래된 고인이다. 내 속에서 낡은 나의 고인이 낯선 얼굴로 허공을 보고 있다.

어느 날, 고인은 나를 만나러 장례식장에 온다.

어느 날, 나는 고인을 만나러 장례식장에 간다.

주고받을 것이 남아서, 우리는 이생의 단 한 번 서툰 절
을 한다.
이 마지막 연애.
일 배.
이 마지막 싸움.
이 배.

—「고인(故人)」 부분

이 시집에는 질병만큼이나 '죽음'이 자주 등장한다. 의사는 질병을 치료하고 환자를 살리는 직업이지만, 바로 그 이유 때문에 '죽음'과의 대면을 피할 수 없는 존재이기도 하다. 직업과 관련된 죽음만이 아니다. 문저온의 시에는 가족이나 지인으로 추정되는 인물의 죽음에 관한 이야기도 등장한다. 가령 "옷을 벗는다. 장례식은 끝났다. 태울 수도 묻을 수도 없다, 이 옷들."(「삽(插)」)이나 "아버지가 돌아가셨다./쓰고 보니 소설의 첫 문장 같네."(「부음(訃音)」) 등은 매우 친밀한 존재의 죽음에 대한 경험으로 읽을 수 있다. 인용 시에서 화자는 어떤 이의 부고(訃告)를 듣고 장례식장에 왔다. 화자가 "나는 고인을 알지 못한다."라는 진술을 강박적으로 반복하고 있다는 사실에 주목하자. 우선 이 진술은 논리적인 층위에서 읽을 수도 있다. '죽은 자'는 우리가 도달할 수 없는 세계에 속한 완전한 타자라는 사실을 강조하는 진술로 읽을 수 있는 것이다. 이는 "네

가 내게 보내줄 수 있는 건 죽은 것들이다."(「늑간(肋間)」)라는 진술과 유사하다. 「늑간(肋間)」에서 '너'는 '나'에게 석류꽃을 주워 보내주는데, 땅에 떨어진 석류꽃을 포함해 타인에게 보낼 수 있는 꽃은 이미 죽은 것일 수밖에 없다. 흙에 뿌리를 내리고 있는 꽃을 보낼 수는 없으니까. "고인은 고인이어서 알 방법이 없다."라는 진술도 마찬가지이다. 실제로 우리는 '고인'을 알 수가 없다. 죽은 자와는 인간적인 유대를 맺을 방법이 없다. 여기에는 인간은 죽음을 경계로 그 이전과 이후가 다른 존재라는 판단이 전제되어 있다. 그렇다면 화자의 말처럼 우리가 장례식장에 가는 까닭도 고인을 만나기 위함이 아니라—고인은 결코 만날 수 없다—남겨진 사람들을 만나기 위해서라고 말해야 한다. 이러한 생각 때문에 "때로 고인보다 고인을 잃은 이가 안쓰러워서, 우리는 미미한 먼지처럼 있어본다."라는 진술이 등장한다. 그런데 시인의 생각은 여기서 멈추지 않는다. 그는 불현듯 "내가 잃을 사람과 나를 잃을 사람"에 대해 생각하기 시작한다. 타인의 죽음 앞에서 자신의 죽음을 상상하는 것은 상식적인 행동이다. 이러한 죽음에 대한 상상에서 우리가 주목할 지점은 '고인'이 이해불가능한 절대적 타자라는 인식, 그리고 죽은 자는 더 이상 살아있을 때 우리가 알고 지내던 그 존재가 아니라는 주장일 것이다. 하지만 죽음에 대한 독특한 인식보다 더 중요한 것은 '죽음'을 삶에서 그리 멀지 않은 것으로 그리는 감각이다. 문저온의 시는 질병의 고통을 통해 '몸'의 존재론을 부각시키고, 질병, 상처, 고통, 죽음 같은 부정적 요소를 경유하여 삶에 대해 이야기한다.

이 도서의 국립중앙도서관 출판시도서목록(CIP)은 서지정보유통지원시스템 홈페이지(http://seoji.nl.go.kr)와 국가자료공동목록시스템(http://www.nl.go.kr/kolisnet)에서 이용하실 수 있습니다.(CIP제어번호: CIP2019045091)

시인동네 시인선 116

치병소요록 治病逍遙錄

초판 1쇄 인쇄 2019년 11월 15일
초판 1쇄 발행 2019년 11월 22일
지은이 문저온
펴낸이 고영
책임편집 서윤후
디자인 헤이존
펴낸곳 문학의전당
출판등록 제2017-000002호
주소 서울시 마포구 마포대로 11길 91, 3층
전화 02-852-1977 팩스 02-852-1978
전자우편 sbpoem@naver.com

ISBN 979-11-5896-442-9 03810

* 이 도서는 한국출판문화산업진흥원의
'2019년 우수출판콘텐츠 제작 지원' 사업 선정작입니다.